AF552099

Fach-
ratgeber
Klett-Cotta

HILFE
AUS
EIGENER
KRAFT

ULRIKE STRUBEL

Runter von der Macht-Wippe!

Souverän umgehen mit Autorität

Klett-Cotta

Klett-Cotta
www.klett-cotta.de

Printed in Germany
Umschlaggestaltung: Wallbaum/Weiß Freiburg
unter Verwendung eines Fotos von © barneyboogles/stock.adobe.com
Gesetzt in den Tropen Studios, Leipzig
Gedruckt und gebunden von CPI – Clausen & Bosse, Leck
ISBN 978-3-608-86130-3

Bibliografische Information der Deutschen Nationalbibliothek
Die Deutsche Nationalbibliothek verzeichnet diese Publikation
in der Deutschen Nationalbibliografie; detaillierte bibliografische
Daten sind im Internet über http://dnb.d-nb.de abrufbar

Inhalt

1. Was den Umgang mit Autoritäten prägt

Autoritätsprobleme beginnen bei der Geburt. Hier haben wir zum allerersten Mal Kontakt mit Autoritäten, mit Erwachsenen, die uns in jeder Hinsicht haushoch überlegen sind. Diese sind groß, sie können sprechen, laufen, selber essen und vieles mehr. Wir sind klein, können außer schreien, strampeln und Grimassen schneiden nicht viel tun. Wir sind gezwungen, liegen zu bleiben, so wie die Großen uns hingelegt haben. Wir sind absolut abhängig vom Goodwill der Autoritäten der ersten Stunde. Wir spüren intuitiv, dass wir die Erwachsenen brauchen, um zu überleben. Wie lösen wir dieses Dilemma? Wir treten in Beziehung mit diesen ersten Autoritäten, nehmen von Anfang an Kontakt auf mit den Menschen, die uns auf dieser Welt empfangen haben. Doch da gibt es noch etwas, was wir von den Erwachsenen wollen. Sie sollen unsere vier Ursehnsüchte erfüllen, unsere Grundbedürfnisse, damit wir uns körperlich und seelisch gesund entwickeln können:

- *Sicherheit und Liebe.* Das Bedürfnis dazuzugehören, mich mit anderen verbunden zu fühlen, wertgeschätzt und fair behandelt zu werden, mich geborgen und sicher zu fühlen.
- *Selbstwirksamkeit.* Das Gefühl, wichtig zu sein für andere, Einfluss zu nehmen, Beiträge zu leisten, meine Talente und Fähigkeiten immer besser nutzen zu können, meine Welt mit allem, was dazugehört, gestalten zu können.
- *Gesehen und gehört zu werden.* Das Bedürfnis, dass ich wahr- und ernst genommen werde, dass ich einzigartig bin, dass meine Stimme etwas zählt, dass ich für andere Bedeutung habe, einen Unterschied mache.
- *Ermutigung.* Das Bedürfnis, dass andere an mich glauben. Dass ich mit den Dingen fertig werde – komme, was wolle. Zuspruch und Motivation, etwas auszuprobieren, dass ich »es schon schaffen werde«, lernen und mir Hilfe holen kann.

Bereits als Kind entwickeln wir Strategien, um diese Grundbedürfnisse erfüllt zu bekommen. Wie treten Babys in Kontakt mit ihren Autoritäten? Nun, sie versuchen von Stunde null an, alles, was sie sehen, hören, riechen, schmecken und körperlich fühlen können, irgendwie einzusortieren. In der Regel sind wir hellwach, weil alles ja neu und unbekannt ist. Wie fühlt sich Holz, Haut, Haar an, welches Gesicht sehe ich, welche Stimme höre ich, wenn ich gefüttert oder gewickelt werde? Wir nutzen alle uns zur Verfügung stehenden Sinne, achten penibel auf die Rückmeldung der Erwachsenen auf unser Schreien, Strampeln, Lächeln. Dabei beschäftigen uns vor allem zwei Fragen:

- *Womit bin ich erfolgreich?* … im Sinne von: Meine Lage ist angenehmer, schöner als vorher.
- *Wodurch verschlechtert sich meine Lage?* … im Sinne von: Wann fühlt es sich unangenehmerer als vorher an?

Wir sortieren, filtern alles nach diesem Prinzip, behalten bei, was aus unserer subjektiven Sicht angenehm, lustvoll, schön ist. Was dauerhaft unangenehm, unlustig, unschön ist, werden wir über kurz oder lang fallen lassen. So gestalten wir von Beginn an unser Leben nach dem Prinzip von Versuch und Irrtum in der Interaktion mit den Autoritäten der frühen Kindheit. Und ich behaupte, dass wir diese Ziele heute noch verfolgen, dass diese Sehnsüchte hinter unseren Autoritätsproblemen und -konflikten liegen. Doch was haben bitte schön diese vier Ursehnsüchte mit Autoritätsproblemen zu tun? Immerhin sind wir aus dem Baby- und Kleinkindalter doch raus, oder?

Ja, wir sind erwachsen, doch wir haben im zarten Alter von 0–5 Jahren aus dem, was uns begegnet ist, sehr individuelle Rückschlüsse gezogen, haben vielfältige Strategien entwickelt, mit denen wir als Kind erfolgreich waren, oder zumindest glaubten, erfolgreich zu sein, das zu bekommen, was wir suchten. Damit ein Schuh draus wird, stelle ich Ihnen nun die Kehrseiten der vier zentralen, menschlichen Bedürfnisse vor, und ich bin sicher, sie kennen Menschen, die aktuell genau diese Gefühle bei Ihnen auslösen.

- *Abgelehnt und zurückgewiesen werden.* Als Baby wäre das unser

Todesurteil. Deshalb suchen wir den Kontakt, sind darauf bedacht, dass die Erwachsenen uns das Gefühl der Zugehörigkeit vermitteln. Ist das nicht der Fall, tauchen Angst, Stress, Panik auf. Das gilt auch später noch. Wenn wir unsicher sind, ob wir einen Platz in der Familie, in der Partnerschaft, am Arbeitsplatz, im Freundeskreis, im Chor oder Verein haben, dann fühlt sich das nicht gut an.

- *Ohnmächtig und abhängig von anderen sein.* Egal, ob Baby, Kleinkind, Schulkind, wir sind immer in Interaktion mit Autoritäten. Wir machen uns bemerkbar, schreien, wenn wir Hunger haben, strampeln, wenn wir hoch- oder runterwollen, drücken unser Nein, unseren Widerstand sehr klar und eindeutig aus. Idealerweise reagieren die Erwachsenen um uns herum entsprechend, verstehen unser dahinter liegendes Bedürfnis und versuchen es in Einklang mit den eigenen zu bringen. Doch das gelingt nicht immer. Starker Frust und Angst entstehen, wenn Menschen das Gefühl haben, sie können an ihrer Situation selbst nichts ändern. Fremdbestimmt zu sein, jemandem (oder etwas) auf Gedeih und Verderb ausgeliefert zu sein, führt oft zu Resignation, Passivität und damit zu einer Art Opferhaltung. Es scheint keine Perspektive zu geben, selbst meine Lage zu verbessern, meinen Weg zu machen, weil andere Menschen oder Umstände es nicht zulassen.
- *Unterzugehen, »nichts zu gelten«.* Hatten Sie als Kind den Eindruck, dass Ihre Meinung gehört, ernst und wichtig genommen wurde? Nahmen die Erwachsenen Rücksicht auf Ihre Gefühle, oder hörten Sie öfter mal Sätze im Sinne von: »Stell dich nicht so an!« Oder: »Jetzt nimm dich mal nicht zu wichtig!« Solche Rückmeldungen hinterlassen Spuren in der Kinderseele, vor allem, wenn sie immer wiederkehren. Werden uns dann später unsere Gefühle abgesprochen oder sollten wir nicht fühlen, was wir fühlen, dann fühlen wir uns verletzt und im wahrsten Wortsinne missachtet. Einige von uns macht das megazornig, andere geben vorschnell auf, weil sie das ja bereits kennen, dieses Nicht-ernst-genommen-Werden. Auch hier bleiben wir, wie damals, mit unserem Zorn, dem sich Verletzt-und-missverstanden-Fühlen, allein. Wir spüren auch später, dass es unfair

ist, weil wir doch ein Recht auf unsere Meinung haben, doch irgendwie kommen wir da nicht raus. Das passiert einfach immer wieder.

- *Als unfähig und inkompetent hingestellt werden.* Fast jedes Kind sagt in den ersten Jahren Sätze wie diese: »Ich kann das schon. Ich schaff das schon allein, ohne Hilfe.« Sie wollen zeigen, dass sie schon ganz schön groß und vor allem fähig und kompetent sind. Waren die Erwachsenen stolz auf sie, zeigten sie Freude über ihre Fortschritte, dann war das der beste Ansporn, der größte Motivator zum Weitermachen. Doch was ist, wenn Kinder in den ersten Lebensjahren von Erwachsenen die Botschaft bekommen, dass sie dumm, faul, aggressiv, ein Nichtsnutz sind oder dass alles, was sie machen, fehlerhaft oder nicht gut genug ist? Damit säen Erwachsene Selbstzweifel beim Kind, es verliert den Mut, den Glauben an die eigene Kraft und gibt vorschnell auf.

  Auch heute noch wollen wir in unseren zwischenmenschlichen Beziehungen eine positive Rückmeldung in Form von Lob und Anerkennung bekommen. Wir sind frustriert, werden ärgerlich bis wütend, wenn das nicht der Fall ist, noch schlimmer wird es für uns, wenn jemand uns als unfähig hinstellt oder nur auf unsere Fehler und Schwächen schaut. Meckern, nörgeln, rumschimpfen, seine Unzufriedenheit lautstark zeigen sind Gift in jeder Beziehung. Das mag keiner, und doch passiert es im privaten und im beruflichen Kontext täglich. Manche igeln sich dann ein, wirken verbissen und sehr zurückhaltend in Kontakten. Andere schlagen zurück, indem sie ebenfalls aggressiv, lautstark und feindselig reagieren.

Im Laufe der Jahre haben wir viele Strategien und Verhaltensmöglichkeiten entwickelt, wie wir für uns angenehme Situationen schaffen und die unangenehmen nach Möglichkeit vermeiden können. Wir checken immer noch die Lage, scannen unser Gegenüber ab und entscheiden uns dann für eine Verhaltensweise, die geeignet erscheint, das Ziel zu erreichen. Nun sind wir zwar erwachsen, und dennoch reagieren wir kindlich, sprich mit den Strategien, die wir damals entwickelt haben. Bei Autoritätsproblemen funktioniert unsere bisher erfolgreiche Strategie plötzlich nicht mehr. Oder wir erleben starke Gefühle von Angst, Panik, Wut, Ärger, Zorn, Traurigkeit, Hilflosigkeit oder Ohnmacht und fühlen uns diesen Gefühlen hilflos ausgeliefert. Diese unangenehmen Gefühle kommen uns irgendwie zwar vertraut vor, doch sie sind unliebsame Gäste, die wir gerne so schnell wie möglich loswerden wollen.

Und dennoch sage ich: Autoritätsprobleme sind gut für die persönliche Weiterentwicklung. Wir können daran wachsen. Das ist eine Form von Selbsterziehung – beziehungsweise »Selbstmanagement« –, die nie enden wird. Und ich habe bereits an dieser Stelle noch eine besonders gute Nachricht: Wie Sie in den folgenden Kapiteln sehen werden, können Sie genau die Menschen, die Ihnen im beruflichen oder privaten Umfeld Probleme bereiten, als Sprungbrett für die persönliche Weiterentwicklung nutzen! Denn das Verhalten, das aktuell so heftige Gefühle in Ihnen auslöst, ist das Salz, das Ihr Gegenüber in die nur schlecht verheilte Wunde aus Kindertagen streut. Nutzen Sie den ausgelösten Schmerz und finden Sie neue und effektive Wege, damit umzugehen.

Um zu verstehen, was aktuell wirkt und damit Ihr Verhältnis mit Autoritäten prägt, lade ich Sie deshalb ein, gemeinsam mit mir in den Bildern Ihrer Kindheit und Jugendzeit zu blättern. Als Psychologin kenne ich es nur zu gut, dass Klienten beim Satz »Gehen Sie gedanklich mal zurück in die Zeit von Kindergarten, Grundschule oder Pubertät« erst einmal tief Luft holen, beim Ausatmen entsteht ein tiefes Seufzen oder Stöhnen. Allein die Aufforderung, in die Kindheit zu gehen, löst körperliche Reaktionen aus. Einige sacken richtig in sich zusammen, senken den Kopf, blicken auf den Boden, lassen die Arme hängen, andere blicken geradeaus ins Leere, atmen tief ein und halten den Atem im Brustkorb fest, verspannen sich. Sofern das bei Ihnen auch gerade so ist, vertrauen Sie mir bitte: Wenn wir den Schwierigkeiten, die Sie mit Autoritäten haben, auf den Grund gehen wollen, brauchen wir dazu den Blick in Ihre Vergangenheit. Das machen wir mit einer offenen, neugierigen und interessierten Einstellung. Sie werden erleben, dass die Rückschau ganz schön spannend wird, denn wir gucken speziell hin – und holen dabei auch positive, schöne Erinnerungen und »Ahas!« hervor.

1.1 Autoritätsprobleme lauern überall und haben viele Gesichter

Oft denkt man bei Autoritätsproblemen an den alten Spruch »Der Ober sticht den Unter« – jemand sitzt am längeren Hebel oder verhält sich so, und durch diese Schieflage ziehe ich den Kürzeren. Doch das wäre zu kurz gedacht! Tatsächlich manifestieren sich Autoritätsprobleme auf vielfältige Weise, und es kann gut sein, dass Sie gleich staunend reagieren werden, weil Sie merken: »Oha, das kenne ich nur zu gut, mir war bislang nicht klar, dass das was mit Autorität zu tun hat.«

Schauen wir uns vier Lebensbereiche an, in denen wir mit Menschen in Kontakt stehen. Kreuzen Sie direkt an: In welchem Bereich sind Ihre Autoritätsprobleme angesiedelt?

☐ im beruflichen Umfeld

Auch wenn im Moment viele Unternehmen agil unterwegs sind, von flachen Hierarchien die Rede ist und alle sich duzen: Die Rollen »Chef, Mitarbeiter, Teamleiter, Abteilungsleiter, Kollege, Azubi und Aushilfe« sind ganz klar mit Rechten und Vorrechten, mit Pflichten und Anforderungen verbunden.

Wer in der Hierarchie weiter oben steht, hat mehr zu sagen, da er oder sie Entscheidungen mit größerer Tragweite zu treffen hat. Autoritätsprobleme entstehen dann, wenn die Autorität ihrer Verantwortung gegenüber den Menschen im Betrieb nicht gerecht wird. Wenn Entscheidungen über die Köpfe der Mitarbeiter hinweg getroffen und diese vor Tatsachen gestellt werden im Sinne von: Das ist ab jetzt so. Probleme tauchen auch auf, wenn Absprachen, Vereinbarungen nicht eingehalten oder einseitig aufgekündigt werden. Das triggert unser Gespür von Fairness und Gerechtigkeit. Vergessen Sie dabei bitte nicht die Kunden oder Lieferanten, mit denen Sie es zu tun haben!

Empfindlich reagieren wir zudem, wenn wir das Gefühl haben, nicht respektiert und wertgeschätzt zu werden. Wir sind erwachsen, kein Kind mehr, wollen der Autorität auf Augenhöhe begegnen. In uns melden sich Gefühle von Ärger, Wut, Zorn, wann immer uns eine Von-oben-herab-Behandlung begegnet. Am Arbeitsplatz sorgen zudem die weit verbreiteten »Der-oder-die-anderen-sind-schuld«- oder »Nur-perfekt-ist-gut-genug«-Spiele für Autoritätsprobleme zwischen Kollegen und Chefs. Auch der Kampf der Geschlechter, das Mann-Frau-Thema ist in der beruflichen Welt immer noch nicht vom Tisch, da Frauen nach wie vor weniger verdienen als Männer bei gleicher Leistung. Trotz mehr Bewusstsein, Fortschritt und Frauenquoten haben es Frauen noch immer schwerer als Männer, in Führungspositionen zu kommen. Ganz zu schweigen von den Etiketten (»karrieregeil«, »Panzerfrau«), die ihnen auf dem Weg nach oben angehängt werden.

❑ in der Partnerschaft

Als Paarberaterin erlebe ich hier ständig den Streit um die Macht. Wer setzt sich durch bei der Frage, was am Wochenende unternommen wird, wer bei der Urlaubsplanung, größeren Anschaffungen wie Auto-, Haus- oder Wohnungskauf? Auch die Aufgabenverteilung im Haushalt ist immer wieder Anlass für Streit und Kampf. Es lässt sich wochen- und monatelang streiten, wer die Wäsche wäscht, den Müll wegbringt, die Einkäufe erledigt, das Essen kocht, die Wohnung putzt, ganz zu schweigen vom Thema »Geld ausgeben«. Hier sitzt immer der am längeren Hebel, der das Geld verdient, mehr aufs Konto einzahlt als der andere Partnerteil. Das Bedürfnis nach Fairness und Gerechtigkeit spielt eine große Rolle, nicht nur bei Trennung oder Scheidung. Geld ist ein Machtmittel: Wer mehr davon hat, hat mehr Macht, kann den anderen leicht in eine unterlegene Position bringen (beziehungsweise der andere fühlt sich so).

Ein weiterer Konfliktherd in Paarbeziehungen ist das Thema Nähe und Distanz. In der Regel will einer von beiden mehr Nähe und Verbindung, dem anderen ist dieser Anspruch zu viel, er oder sie braucht mehr Abstand, Distanz und Freiraum. Paare sind oft erstaunt, wenn ich sage, dass sie ein klassisches Autoritätsproblem in ihrer Paarbeziehung haben, das sie beide bereits aus Kindheitstagen kennen. Ich kann sie allerdings schnell beruhigen, da alle Menschen unterschiedliche Grade beim Bedürfnis nach Nähe und Kontakt haben. Es geht im Hier und Jetzt nur um die bei diesem Partner nicht funktionierenden Strategien, die sie aus der Kindheit ins Erwachsenenleben mitgezogen haben.

☐ zwischen Eltern und Kindern

Gleich kommen wir zu Ihrer Herkunftsfamilie, denn natürlich gibt es zwischen uns und den eigenen Eltern durchaus auch heute noch Autoritätsthemen. Viele von uns sind mittlerweile selbst Mutter oder Vater geworden. Es hört sich krass an, doch Machtkämpfe und Rachekreisläufe kommen in so gut wie allen Familien vor. Kein Wunder! Der Alltag mit Kindern besteht aus Grenzen, Regeln und menschlichen Unterschieden. Und aus unseren Überzeugungen, wie die Eltern-Kind-Beziehung, wie man als Familie sein sollte. So manche Eltern leben das »Erwachsene haben immer recht« standardmäßig aus, weil sie es selbst so gelernt haben: Sie geben die Regeln an und sagen, was getan wird. Es ist gut, das zu hinterfragen und zu bemerken, was genau sich hier durch die eigene Erziehung verfestigt hat.

In den letzten Jahrzehnten hat sich in puncto Kindererziehung enorm viel getan. Eltern, die zu mir kommen, wollen es oft besser machen als ihre Eltern und leiden sehr darunter, wenn sie zu streng sind, ihr Kind anschreien, zur Strafe ins Zimmer schicken, oder, noch schlimmer, wenn ihnen die Hand ausrutscht. Worte wie: »Ich hör mich an wie meine Mutter«, oder: »Ich wollte nie so handeln wie mein Vater«, höre ich häufig und bin jedes Mal froh, wenn Eltern sich auf den Weg machen, neue, konkrete Handlungsstrategien in ihr bisheriges Erziehungsköfferchen einzubauen. Sie nehmen die erwachsene Rolle dann ein, heißt, sie übernehmen ihren Teil der Verantwortung beim nächsten Machtkampf oder Rachezyklus. Es soll zukünftig nicht mehr um Siegen oder Verlieren gehen.

☐ im Alltag – Freunde – Freizeit

Wir gehen einkaufen, haben Nachbarn, interagieren auf vielfältige Weise mit anderen Menschen. Mal sind die Begegnungen flüchtig, mal kontinuierlich. Mal bedeuten uns die Menschen mehr, mal weniger. Teilweise gibt es Abhängigkeiten, die wir nicht mal eben ändern können (etwa den Vermieter, den zugeteilten Sachbearbeiter bei der Finanz-, Renten- oder Krankenkasse). Was wir in unserer Freizeit machen, bestimmen wir in der Regel selbst.

Wir gehen ins Fitnessstudio, sind Mitglied in einem Chor, engagieren uns in der Politik oder in einem Verein. Doch auch hier treffen wir manchmal auf Menschen, die glauben, der Boss zu sein, die einfach bestimmen und sagen,

wo es lang geht. Wenn es uns zu bunt wird, können wir gehen, doch was ist dann mit den anderen, die nicht so sind wie dieser oder diese eine?
Sogar im Freundeskreis lauern Autoritätsprobleme. Denken Sie nur mal an die Grundbedürfnisse wie »gesehen, gehört und ernst genommen werden«. Wie oft gibt es hier unter Freunden Defizite, weil einer nur an sich selbst interessiert scheint. Oder was ist mit dem Klassiker »Immer muss ich mich melden!« Dazu kommt: Wir legen in der Regel hohe Maßstäbe an, wenn es um Freundschaft geht. Wir wollen uns auf Augenhöhe begegnen, Vertrauen, Zuverlässigkeit und Ehrlichkeit spielen hier eine wichtige Rolle. Werden wir von diesen Menschen enttäuscht, missverstanden, im Stich oder fallen gelassen, tut das besonders weh. Nicht selten brechen wir dann den Kontakt ab, weil wir uns hilflos, unterlegen und ohnmächtig fühlen.

Es ist mir sehr wichtig, dass Sie Ihren Radar für Autoritätsprobleme erweitern: Dabei geht es nicht speziell um autoritär auftretende Personen, sondern es geht um Ihr eigenes Gefühl und das sich daraus ergebende Verhalten (zu dem wir in den nächsten beiden Kapiteln kommen).

- *Es gibt die Autoritätsprobleme gegenüber Personen oder Personengruppen, mit denen wir »aus Prinzip« nicht klarkommen:* Weil wir denken, sie halten sich für was Besseres. Weil ihre Ansichten nicht unserem Weltbild, unserer Überzeugung entsprechen. Weil wir sie aufgrund ihres beruflichen oder gesellschaftlichen Status ablehnen. Oder auch, weil wir selbst uns im Beisein dieser Personen kleiner, minderwertiger, nicht gewachsen fühlen. Hier wird bereits klar, dass so manches Problem mit Autoritäten nur mit uns selbst zu tun hat.
- *Es gibt Autoritätsprobleme, die durch ein bestimmtes Auftreten geprägt sind:* Wie jemand mit uns spricht, eine mitschwingende Erwartungshaltung, dass wir etwas tun oder auf eine bestimmte Weise tun sollen. Hier wird gerne projiziert, das heißt, dass das Gegenüber in uns Erinnerungen an eine Autorität aus unserer Vergangenheit triggert: Jemand spricht genauso wie der dominante Vater, jemand verhält sich im Gespräch distanzlos … Mitunter merkt man sogar selbst, dass eine innere Jalousie runtergeht, man sich scheinbar »ohne Grund« ablehnend oder patzig verhält.

Vielleicht haben Sie beim Durchdenken der vier Lebensbereiche sogar gemerkt, dass Ihr eigenes Verhalten gegenüber anderen ein Autoritätsproblem darstellt. Bevor wir uns die Konsequenzen daraus näher ansehen, gehen wir an die Wurzel.

1.2 Wie Autoritätsprobleme entstehen

Es ist so weit, wir schauen systematisch zurück in Ihre Vergangenheit! – Als Baby haben wir bereits Strategien entwickelt, um auf unsere Grundbedürfnisse aufmerksam zu machen. Unsere Kinder- und Jugendjahre sind vor allem deshalb so enorm prägend, weil wir auf eine bestimmte Weise erzogen werden und natürlich aufmerksam beobachten, was uns vorgelebt wird. So entwickeln wir unser Selbstbild, bauen kontinuierlich neue Strategien in unser Verhaltensrepertoire ein, ziehen bewusste und unbewusste Rückschlüsse aus dem, was uns serviert wird, und bilden uns im Laufe der Zeit eine eigene Meinung.

Dabei spielen ganz spezifische Menschen jeweils eine große Rolle, durchaus auch im Positiven. Es ist sehr wichtig, dass Sie die guten Einflussnehmer ebenfalls wahrnehmen, denn diese Menschen und Beziehungen haben Sie gestärkt: Sie bilden einen Gegenpol, haben Verhaltensweisen und Fähigkeiten in Ihnen entfacht, die bis heute nachwirken, und helfen, im Leben gut zurechtzukommen. Ich betone das, weil wir oft bei Problemen nur auf das schauen, was nicht funktioniert. Oder der anderen Person grollen, weil sie etwas Bestimmtes »mit uns macht«.

Nun kehren wir den Spieß um: Sie haben die Macht der Veränderung. Darum zücken Sie bitte Block und Stift! Ich stelle Ihnen gleich ein paar Fragen, mit denen Sie sehr viel Klarheit darüber bekommen, welche Personen und Gegebenheiten dazu beigetragen haben, dass Sie heute auf Autoritäten auf eine bestimmte Weise reagieren. Es geht dabei nicht darum, Sündenböcke zu finden, sondern es geht ums Verstehen: »Aha, so war das also. Darum wirkt sich das soundso aus.« Mit unserem Erwachsenenblick erkennen wir zudem sehr viel mehr, als es uns als kleines Kind oder Jugendlicher möglich war.

Auf www.beziehungspunkte.de/machtwippe können Sie Fragen und Übungen im PDF-Format herunterladen.

Die Herkunftsfamilie

Zunächst geht's zurück in die Herkunftsfamilie – zu den engsten Menschen, mit denen wir aufwachsen, mit denen wir am meisten Zeit verbringen und die am meisten Bedeutung für uns haben:

- Vater
- Mutter

… unabhängig davon, ob es Ihre biologischen Eltern, Pflege- oder Adoptiveltern waren. Vielleicht gab es ein leibliches Elternteil mit Partner oder Partnerin?

Dabei spielt es keine Rolle, ob Sie in einer »intakten« Familie groß geworden sind. Auch wenn ein Elternteil abwesend war, durch Trennung oder Tod, haben Sie Eindrücke dieser besonders wichtigen Menschen in Ihrem Leben gewonnen – oder es wurde Ihnen ein Bild vermittelt. Vielleicht ist jemand anderes in die Vater- oder Mutter-Rolle geschlüpft. Wenn Sie beispielsweise von Ihren Großeltern oder einer Tante aufgezogen worden sind, denken Sie bitte jetzt an diese, wenn ich von Vater und Mutter schreibe.

Übrigens: Es geht uns nicht um Etiketten wie »eine glückliche Kindheit« oder das Aufkochen unguter Erfahrungen, sondern es geht darum, einen etwas anderen Blick in die Vergangenheit zu richten, um Zusammenhänge fürs Heute zu verstehen. Dadurch gewinnen Sie wertvolle Aha-Effekte, die manchmal ein Problem zwar nicht lösen, doch den Knoten in der Beziehung sofort lockern.

Wie lautet das Eigenschaftswort von Autorität? Wenn ich diese Frage stelle, höre ich so gut wie immer das Wort »autoritär«, doch die richtige Antwort wäre »autoritativ«. Als Erklärung ein kleiner Ausflug in die Pädagogik. Hier finden wir die Konzepte von autoritärer und antiautoritärer Erziehung. Der autoritäre Erziehungsstil stellt klare Forderungen, Richtlinien und Regeln auf. Widerspruch und Ungehorsam ziehen harte Strafmaßnahmen nach sich. Ein klassischer Satz lautete: »Solange du die Füße unter diesen Tisch streckst, wird gemacht, was ich sage.« Heute könnte man auch sagen: »Solange du dich in meinem WLAN einloggst …« In den 70er-Jahren kam als Gegenbewegung der antiautoritäre Erziehungsstil in die Kinderzimmer. Nun konnten die Kinder machen, was sie wollten, denn freie Entfaltung der Persönlichkeit und damit grenzenlose Freiheit waren oberstes Erziehungsziel. Der autoritative Erziehungsstil verbindet die Vorteile von autoritärer und antiautoritärer Erziehung. Er gibt Kindern die Sicherheit, dass Kontakt und Beziehung zu den Erwachsenen da ist; gleichzeitig haben sie genügend Freiraum, um sich altersgemäß erproben zu können.

Es wundert nicht, dass sich fast immer das Geburtsjahr bemerkbar macht, wenn es um die Eltern-Kind-Beziehung und den Erziehungsstil geht: Sind Sie älteren Jahrgangs, ist die Wahrscheinlichkeit sehr hoch, dass Sie strenger erzogen worden sind. Besonders die Kriegsgeneration war oft sehr hart und unnachgiebig mit Kindern. Auch die Frauen- und Männerrollen unterschieden sich sehr von den heutigen, was sich natürlich auf die Familiendynamik extrem auswirkt. Auf Frauen- und Männerbilder kommen wir übrigens noch separat, denn auch das beeinflusst den Umgang mit Autoritäten.

Doch wir wollen nicht bei Erziehungsstilen hängen bleiben, interessanter ist es, die Beziehung zu Ihren Eltern und der Eltern zueinander näher zu charakterisieren.

Ich stelle Ihnen nun zehn Beziehungsqualitäten vor. Bitte versetzen Sie sich zurück in Ihre Kind- und Teenagerzeit! Maßgeblich ist, wie es früher war, nicht, wie es heute ist. Damit Sie sich individuell hineindenken können, empfehle ich Ihnen, drei Durchgänge zu machen: Schätzen Sie zunächst die Beziehungsqualität zu Ihrer Mutter ein – lesen Sie alle zehn Charakteristika durch und kreuzen Sie ALLES an, was auf die Beziehung zu Ihrer Mutter zutrifft. Es können gleichzeitig positive und negative Tendenzen vorhanden sein. Aber denken Sie bitte nicht an einzelne Momente, sondern es geht wirklich um Ihre Beziehung insgesamt, das, was in Ihrer Kindheit wirklich vorherrschte. In der nächsten Runde kommt Ihr Vater dran. Und anschließend geht es um die Beziehungsqualität zwischen Ihrem Vater und Ihrer Mutter. Bitte kreuzen Sie alles an, was Ihrer früheren Realität am nächsten kommt, auch wenn die Beschreibung nicht zu 100 % passt.

Harmonisch und wertschätzend

Hier fühlen wir uns wohl, die Beziehung ist im Fluss, weil beide Seiten sich liebevoll und mit gegenseitigem Respekt begegnen. Jeder kennt die Stärken des anderen und wertschätzt sie. Es ist ein Gleichklang, ein Gleichgewicht vorhanden, das sich nicht wirklich in Worte fassen lässt, doch gefühlsmäßig fühlen wir uns stark verbunden mit dieser Person. Ein typischer Gedanke: Er oder sie versteht mich blind

☐ ich + meine Mutter ☐ ich + mein Vater ☐ Eltern untereinander

Optimistisch und fröhlich

Hier erleben wir Spaß und Freude, es ist nicht langweilig, die kreativen Ideen sprudeln. Wir sind in ausgelassener, heiterer Stimmung und lassen uns auch von Spaßbremsen und Miesepetern nicht die gute Laune verderben. Ganz im Gegenteil, wir stecken uns gegenseitig mit guter Laune an. Wir sehen die Realität, wie sie eben ist, doch blicken wir positiv in die Zukunft und finden kreative Lösungen für auftauchende Probleme. Unser Leitgedanke ist: Es gibt viel zu tun, packen wir's mutig und mit Freude an.

☐ ich + meine Mutter ☐ ich + mein Vater ☐ Eltern untereinander

Verwöhnend und verhätschelnd

Hier sind Geber- und Nehmer-Rollen klar verteilt. Einer gibt und gibt, der/die andere nimmt und nimmt. Person A räumt alle Schwierigkeiten für Person B aus dem Weg. B fühlt sich einerseits wohl, doch in seiner Entwicklung auch gebremst. Die übergroße Liebe und Verwöhnung werden oft als erdrückend erlebt, doch sich daraus zu befreien, ist gar nicht so einfach. – In manchen Familien kehrt sich die Rolle sogar um: Das Kind wird zwangsweise zum Kümmerer eines Elternteils, löst Probleme, tröstet etc.

☐ ich + meine Mutter ☐ ich + mein Vater ☐ Eltern untereinander

Belastbar und verantwortungsbewusst

In diesen Beziehungen sind wir mutig und trauen uns, alle Facetten zu zeigen. Wir wissen intuitiv, dass der andere uns nicht fallen lässt, dass genügend Vertrauen da ist, um auch schwierige Situationen zu meistern. Hier übernehmen beide Seiten die Verantwortung – im Rahmen ihrer Möglichkeiten –, dass die Beziehung gelingt und nicht abbricht. Jeder denkt in etwa so: Ich darf meine Meinung sagen, darf anders sein als der andere. Ich darf mich dem anderen zumuten.

☐ ich + meine Mutter ☐ ich + mein Vater ☐ Eltern untereinander

Schwierig und ambivalent

Bei dieser Art von Beziehung gibt es ein ständiges Wechselbad der Gefühle. Wir wissen nie genau, woran wir sind, was uns bei der nächsten Begegnung erwartet. Unser Gegenüber sendet unklare Signale, lässt sich nicht in die Karten schauen, kommuniziert nicht offen und direkt, sondern erwartet von uns, dass wir schon wissen, was er oder sie will. In uns taucht regelmäßig der Gedanke auf: Ich kann es ihm oder ihr wohl niemals recht machen.

☐ ich + meine Mutter ☐ ich + mein Vater ☐ Eltern untereinander

Streng und angstbesetzt

Unser Gegenüber erwartet, dass wir seinen Anweisungen folgen. Widerspruch erzeugt noch mehr Druck. Immer droht das Damoklesschwert schmerzhafter Konsequenzen: Feindseligkeit, stumme Aggression oder sogar Gewalt. In diesen Beziehungen funktionieren und folgen wir, weil wir überzeugt sind, keine andere Wahl zu haben. Wir müssen es tun! Das andere Extrem: Kompletter Widerstand, eigene Aggressivität oder sogar Zurückschlagen: Was du kannst, das kann ich auch!

❑ ich + meine Mutter ❑ ich + mein Vater ❑ Eltern untereinander

Frustrierend und enttäuschend

Hier geben wir uns oft große Mühe, strengen uns an, und am Ende stehen Frust und Enttäuschung. Wieder hat es nicht geklappt, wieder habe ich die Erwartungen des Gegenübers nicht erfüllen können. Hier stehen oft hohe Ansprüche im Raum, am besten soll alles perfekt und vollkommen sein und ist doch nie genug. Unablässig strengen wir uns an, im Sinne von: Beim nächsten Mal schaffe ich es, erfülle ich alle Erwartungen!

❑ ich + meine Mutter ❑ ich + mein Vater ❑ Eltern untereinander

Demütigend, schuld- und schambesetzt

In diesen Beziehungen geht es darum, einen Schuldigen ausfindig zu machen. Einer will seine Hände in Unschuld waschen, klagt sein Gegenüber an, weist ihm die Schuld zu. Ist das fehlerhafte Verhalten gefunden, wird es öffentlich gemacht, denn der andere soll sich natürlich dafür schämen. Die Kommunikation ist grundsätzlich darauf ausgerichtet, uns kleinzumachen. Besonders bei Kindern verankert sich: Oh Gott, ich bin ein schlechter, böser, schlimmer Mensch.

❑ ich + meine Mutter ❑ ich + mein Vater ❑ Eltern untereinander

Interessant und spannend

In diesen Beziehungen fordert unser Gegenüber uns auf interessante Weise heraus. Wir sind neugierig auf seine Meinung, seine Ideen, seine Ansichten über das Leben, über Gott und die Welt. Gleichzeitig erleben wir auch sein echtes Interesse an unserer Meinung, unserer Weiterentwicklung. In diesen Beziehungen geht es nicht um die Frage, wer hat recht und wer hat unrecht, sondern um den Austausch zu: Wie siehst du es, wie seh ich es?

❑ ich + meine Mutter ❑ ich + mein Vater ❑ Eltern untereinander

Pessimistisch und unzufrieden

In diesen Beziehungen wird viel geklagt, gejammert, und vom Leben gibt es nichts Gutes zu erwarten. Die anderen haben es immer besser als man selbst, deshalb kann man auch nicht zufrieden, geschweige denn dankbar sein. Die Brille des Lebens ist grau gefärbt: Der andere findet stets ein Haar in der Suppe, ermahnt zur Vorsicht oder empfiehlt, etwas gar nicht erst zu probieren, geschweige denn, sich stark für etwas zu engagieren, da klar ist: Es wird sowieso nichts und Undank ist der Welten Lohn.

☐ ich + meine Mutter ☐ ich + mein Vater ☐ Eltern untereinander

Jetzt haben Sie eine erste differenzierte Einschätzung zu Ihren Eltern – und Sie sehen: Es werden schon deutliche Quellen klar, die auf Autoritätsprobleme hinweisen. Mit Ihren Ergebnissen arbeiten wir im Laufe des Buches weiter.

Es fehlt uns noch eine weitere wichtige Frage: Wie haben sich Ihre Eltern gegenüber Autoritäten verhalten?

Denken Sie zurück an Ihren Heimatort, wer oder was seinerzeit als Autorität galt: Das kann der Pfarrer gewesen sein, Ärzte, Lehrer, Polizisten, »Studierte« oder wohlhabende Menschen. Sie als Kind hatten zu diesen Autoritätspersonen vermutlich keine Beziehung, doch die Erwachsenen haben sich über sie geäußert, zeigten diesen Menschen gegenüber ein »öffentliches Gesicht«, und das unterscheidet sich mitunter vom »privaten Gesicht«, das Sie als Kind gesehen, erlebt und wahrgenommen haben.

Wie war es bei Ihnen?

- Wollten die Erwachsenen ihrer Kindheit nach außen ein bestimmtes Bild abgeben bei den Autoritäten, die allgemein als diese angesehen wurden? Haben Sie als Kind vermittelt bekommen, wen Sie als Autorität anzuerkennen haben, wie und dass Sie sich gegenüber Uniformierten, Lehrern oder älteren Menschen generell anders zu verhalten haben, im Sinne von: *Tu, was man dir sagt / besonders höflich sein / keine Widerworte geben / sich besonders herausputzen?* Hatten Sie als Kind eventuell darunter zu leiden, wenn Sie diesem Bild nicht entsprochen haben? »Was sollen die Leute denken?« Oder: »Das kannst du nicht machen, damit blamierst du uns, bist du eine Schande für die ganze Familie, ...?«

- Oder war ein Elternteil ständig selbst in Autoritätskonflikte verwickelt? Das kann sich darin geäußert haben, dass beim Essen ständig über »den Chef« gewettert, über bestimmte Politiker geschimpft oder ein Nachbar mit seinen Eskapaden Dauerthema war. Oder es wurde über andere im Ort entsprechend negativ geredet, beim Fernsehen wurden abwertende, gemeine und gehässige Kommentare losgelassen.

In den Kapiteln 2 und 3 gehen wir den Auswirkungen näher auf den Grund.

Die Geburtenfolge: Warum Erstgeborene, zweite, mittlere und jüngste Kinder anders mit Autorität umgehen

Natürlich ist es maßgeblich, ob Sie Einzelkind waren oder mit einem Bruder, einer Schwester aufgewachsen sind: Geschwister-Dynamik und -Reihenfolge haben ebenfalls Einfluss auf Ihren Umgang mit Autoritäten.

Jedes Mal, wenn ein Kind das Licht der Welt erblickt, hebt sich der Vorhang erneut, wird ein weiterer Akt im »Theaterstück Familie« gespielt. Mit jedem Neuankömmling verändern sich zwangsläufig die Positionen in der Geschwisterreihe. Das Einzelkind wird zum Erstgeborenen, wenn ein zweites dazukommt. Das zweite Kind wird zum mittleren, nur das jüngste Kind behält seine Position, bleibt das Nesthäkchen, da kein weiteres mehr folgt. Was hat die Geschwisterposition mit Autoritätsproblemen zu tun? Nun, jedes Kind baut von Geburt an eine ganz eigene Beziehung zu den Erwachsenen, den Autoritäten der frühen Kindheit auf. Und es macht schon einen Unterschied, ob wir als erstes, zweites, mittleres oder jüngstes Kind in die Welt der Erwachsenen kommen. Vielleicht finden Sie sich – oder Ihren Bruder, Ihre Schwester – in den Forschungs- und Studienergebnissen wieder, die den Einfluss von Geschwistern auf die Persönlichkeitsentwicklung untersuchten. Dazu gibt es inzwischen viele Bücher, doch schauen wir uns vor allem die Beziehung zwischen Einzelkind, Erstgeborenen, Zweiten, Mittleren und Jüngsten und den Erwachsenen an.

Einzelkinder und ihr Umgang mit Autorität. Ohne Geschwister aufzuwachsen empfinden viele, wenn auch nicht alle, als angenehm. Sie mussten im wahrsten Wortsinn niemals den Kuchen mit anderen teilen. Allerdings hatten sie als Konfliktpartner immer nur die Erwachsenen, mussten sich mit diesen Autoritäten auseinandersetzen. Um »zu überleben«, versuchen viele Einzelkinder vernünftig zu sein, schnell die Regeln und Strukturen der Erwachsenen zu erkennen und sich daran zu orientieren. Sie spüren den Erwartungsdruck der männlichen und weiblichen Autoritäten in ihrem Umfeld schon sehr früh und versuchen in der Regel, alles so perfekt wie möglich zu erfüllen. Einzelkinder, die Wunschkinder waren, sind sich in der Regel ihres Platzes sehr sicher. Doch das führt im Laufe der Jahre häufig dazu, dass sie einfach davon ausgehen, dass ihnen der Kuchen komplett gehört und nicht geteilt werden muss, nach dem Motto: »Das steht mir einfach zu.«

Erstgeborene und ihr Erleben von Autorität. Kommt ein Bruder oder eine Schwester auf die Welt, wird aus dem Einzelkind ein Erstgeborenes, was oft als sehr dramatisch erlebt wird. Es fühlt sich nicht selten vom Thron gestoßen, versteht die Welt nicht mehr. Erstgeborene möchten ihren Platz behaupten. Aus Angst, vom Nebenbuhler überholt zu werden, setzen sie alle Kräfte ein, um vorne auf Platz eins zu bleiben. Viele Erstgeborene wenden sich nach der Geburt des zweiten Kindes dem Vater, der männlichen Autorität zu, da die Mutter, ihrer Beobachtung nach, mit dem Baby beschäftigt ist und damit keine oder weniger Zeit als zuvor für ihr erstgeborenes Kind hat. Doch es gibt auch die Erstgeborenen, die alles daransetzen, dass Mama, die weibliche Autoritätsperson, weiterhin viel Zeit mit ihm oder ihr verbringt. Zu akzeptieren, dass die Liebe ab jetzt zu teilen ist, fällt schwer, und alle Erstgeborenen kennen diesen Schmerz. Waren wir als Kind enttäuscht von unserer Mutter, dass wir nun links liegen gelassen wurden, dass ein anderes Kind mehr im Fokus stand und mehr Liebe abbekommen hat als wir, dann sind wir auch später – bis heute – nicht überrascht, wenn weibliche Autoritäten so mit uns umgehen, wenn sie andere vorziehen, andere besser abschneiden und wegkommen als wir.

Das zweite Kind. Liegen weniger als sieben Jahre zwischen der Geburt von Kind eins und zwei, ist das erstgeborene Kind für das zweite ein enormer Schrittmacher. Es wird alles daransetzen, seinen Bruder, seine Schwester zu überholen, und oft wird es dabei erfolgreich sein. Zweitgeborene stehen quasi ständig unter Strom, sind wie Dampflokomotiven mit dem Ziel, schneller zu sein als die Lok auf dem Nebengleis. Hier finden wir in der Regel von Anfang an den Keim von Neid, Konkurrenz und Wettbewerb. Bruder oder Schwester sind die Rivalen, die es zu besiegen gilt. Niederlagen werden billigend in Kauf genommen, denn der nächste Kampf und damit die nächste Chance auf den Sieg lassen nicht lange auf sich warten. Die Autoritäten Mama und Papa spielen hier eine ganz wichtige Rolle. Wer bekommt heute wen auf seine Seite? Bei wem hilft lautes Schreien, bei wem muss ich Kullertränchen einsetzen, um Gehör zu finden, um Mitleid zu erregen, um Hilfe zu bekommen? Auch wenn diese Spielchen den Geschwistern nicht voll bewusst sind, wissen sie innerhalb kürzester Zeit ganz genau, welche Strategien bei den weiblichen Autoritäten und welche bei den männlichen Autoritäten erfolgversprechend sind. Fast niemand von den Mamas, Omas, Papas, Opas dieser Welt durchschauen den Kampf der Geschwister. Oft gehen sie automatisch in die Schiedsrichterrolle. Sie glauben zu wissen, wer angefangen hat, wer vernünftig zu sein hat, wer recht hat und wer unrecht. Doch genau damit heizen sie die Rivalität zwischen erstem und zweitem Kind weiter an. Sie spielen mit, denn es geht eigentlich um die Frage: Wer gewinnt heute die Gunst von Mama, Papa, Opa, Oma? Wer kann heute wen auf seine Seite ziehen und gewinnen? Spiele von damals laufen in der Regel weiter, tauchen später bei Autoritätsproblemen im beruflichen oder privaten Umfeld auf.

Das mittlere Kind. Auch dieses Kind versucht von Geburt an, einen Platz im Familiengefüge zu finden, sucht sich als mittleres Kind eine ganz eigene Rolle im Theaterstück Familie aus. Eine oder mehrere Charakterrollen waren bereits vergeben, als sie auf die Welt kamen, also braucht es eine weitere. Mit der Geburt des nächsten Kindes werden auch sie entthront, am Familienmobile wird ein weiteres Stäbchen eingebaut, alle sind aufgefordert, ihren Platz neu zu definieren. Mittlere Kinder hören öfter als andere Geschwister die Worte, dass sie »einfach so mitgelaufen sind«. Sie haben meistens sehr gut ausgeprägte Antennen für Fairness und Gerechtigkeit. Das verwundert nicht, wenn man sich gedanklich mal in die Rolle eines mittleren Kindes versetzt. Sie haben nicht die Privilegien des erstgeborenen oder älteren Geschwisterkindes, da sie nicht so groß und nicht so alt wie diese sind. Gleichzeitig erleben mittlere Kinder aber auch wenig Verwöhnung, da sie ja nicht mehr so klein und hilfsbedürftig sind wie ihre jüngeren Geschwister. Ein Freund von mir brachte es auf den Punkt: Früher hieß es nach dem Essen oft: »So, die zwei Ältesten räumen jetzt den Tisch ab.« Am Abend hieß es dann: »So, die zwei Jüngsten gehen jetzt ins Bett.« Aus seinem Erleben heraus hatte er als mittleres Kind immer die A-Karte gezogen. Was hat das nun mit Autoritätsproblemen zu tun? Nun, vielleicht kennen Sie bei sich Tendenz, beide Seiten zu verstehen, erkennen sich in der Vermittlerrolle, weil Sie es gerne friedlich und harmonisch haben wollen. Ihre Antennen für Fairness und Gerechtigkeit, von Kindesbeinen an trainiert, springen heute schnell an, wenn Sie den Eindruck haben, Sie selbst oder andere werden ungerecht behandelt. Interessant sind Ihre Strategien, die Sie damals angewandt haben. Mittlere Kinder schmollen bereits als Kind gerne, zeigen oft nonverbal, dass sie die Situation ungerecht und unfair empfinden. Kommt es im Erwachsenenalter dann zu Autoritätsproblemen, erlebt ihr berufliches oder privates Gegenüber diese Menschen oft als wandelnden Vorwurf. Sie drücken stumm ihr Missfallen aus, rebellieren in der Regel wortlos, eisig schweigend gegen Ungerechtigkeiten.

Das jüngste Kind. Hier besteht nun endgültig keine Gefahr der Entthronung mehr, jüngstes Kind bleibt man lebenslänglich. Doch es gibt die Geschwister, die vor einem da waren, und von denen hat jeder schon seine Rolle gewählt. Daher findet man bei letztgeborenen Kindern auffallend häufig die Attribute charmant, voller Ideen, Sonnenschein. Ihnen gelingt es in der Regel leicht, andere um den Finger zu wickeln. Oft haben jüngste Kinder viele Ideen im Kopf, fangen Dinge an, finden fast alles interessant, was es auf der Welt so gibt, doch dranbleiben und Dinge zu Ende bringen fällt Jüngsten meist schwer. Einige entwickeln sich zum Überflieger, stellen die Geschwister in den Schatten, wenn sie älter werden. In diesen Fällen waren die Geschwister die Schrittmacher, die Rivalen, die es auszustechen galt. Andere Jüngste verfeinern im Laufe der Jahre ihre Strategie des »Andere-in-ihren-Dienst-Stellens« und werden Meister im Delegieren von Aufgaben. Sie haben die Idee, wissen, wie es geht, doch machen und tun sollen es die anderen. Jüngste Kinder bleiben, im Gegensatz zu den anderen Geschwisterpositionen, am längsten im Blick der ersten Autoritäten, da sie das Nesthäkchen der Familie sind. Nicht selten hören sie Worte wie: »Ach lass mal, dafür bist du noch zu klein.« Für einige Jüngste sind solche Sätze Grund zur Rebellion im Sinne von »Ich werde es euch zeigen, dass das nicht stimmt«. Andere akzeptieren diese Worte und kommen zur Überzeugung, dass man als jüngstes Kind geschont werden muss, dass die Anforderungen der Welt zu schwer sind und man lieber frühzeitig aufgeben oder Wege finden sollte, dass andere die Dinge tun, die zu tun sind.

Ich hoffe, ich konnte mit der Vorstellung der unterschiedlichen Geschwisterpositionen Ihre Neugierde wecken, nach Tendenzen zu schauen, die bei Ihnen oder Ihren Geschwistern zutreffen. Als Kind waren wir alle aufgefordert, eine Rolle zu wählen, und haben diese intuitiv gefunden, geleitet von der Frage: »Wie überlebe ich hier am besten?« Jeder von uns ist ein Überlebenskünstler. Wir machen aus dem, was wir an Temperament und biologischen Erbanlagen mitbringen, und dem, was wir vorfinden, das Beste, was wir können. Unsere Interpretationen und Rückschlüsse, die wir ziehen aus dem, was wir beobachten, sind ein zutiefst schöpferischer Prozess. Daher kann es bei Ihnen natürlich anders sein als oben beschrieben. Manchmal gab es vor oder nach unserer Geburt auch eine Fehlgeburt, über die nie gesprochen wurde, was eine Erklärung wäre, warum wir uns von einer anderen Beschreibung mehr angesprochen fühlen.

Haben Sie Geschwister? Dann beantworten Sie für sich bitte schriftlich folgende Fragen:

- Denken Sie zurück, als Sie klein waren. Ihre Eltern sind die Autorität in der Familie. Wie haben sich die einzelnen Kinder tendenziell verhalten: Schreiben Sie Ihren Namen und den Ihrer Geschwister auf und charakterisieren Sie das Verhalten. Wer war eher folgsam / brav / hat sich untergeordnet? Wer war eher rebellisch, anstrengend, hat Widerworte gegeben? So werden Sie sich der Dynamiken klar, die in Ihrer Herkunftsfamilie eine Rolle gespielt haben.
- Mit welchem Geschwister (bei Einzelkindern Elternteil) hatten Sie als Kind am meisten Streit? Worum ging es wirklich? Wie gesagt, wir alle beobachten von Geburt an alles sehr genau, interpretieren und sortieren, was wir sehen, hören, riechen, spüren ins Gedächtnis, auf die Speicherplatte im Gehirn. Fragt man Geschwister, ob es Lieblingskinder gab, dann lautet die Antwort meistens: Ja, die gab es. Entweder waren sie das selbst, oder einer der Brüder oder Schwestern stand in der Gunst von Mama, Papa, Opa oder Oma weit oben. Geschwisterstreit verfolgt so gut wie immer das Ziel, einen Erwachsenen auf seine Seite zu bringen, es wird um die Gunst der Autorität gebuhlt. Mit welcher Strategie haben Sie, haben Ihre Geschwister das als Kind oder Jugendlicher versucht? Wer war womit erfolgreich und ist es eventuell auch heute noch?

Gab es einen sehr großen Altersunterschied zwischen Bruder und Schwester? Dann kann es sein, dass dieses Geschwister ebenfalls eine Autoritätsrolle eingenommen hat.

Erwachsene, die für uns als Kind wichtig waren

Selbstverständlich gibt es, wenn wir jung sind, sehr viele Menschen außerhalb der Familie, die einen Einfluss auf uns haben: Manche durch direkten Kontakt, weil wir sie mögen, zu ihnen aufschauen, einen guten Draht haben. Oft aber natürlich auch durch ungute Begegnungen: Als Kind und Jugendliche sind wir nun mal in einer schwächeren Position.

Wir können uns in unguten Situationen nicht immer situationsgerecht behaupten oder vom Erwachsenen ein anderes Verhalten einfordern. Wir müssen uns oft beugen – oder kommen gar nicht auf die Idee, dass es eine Alternative gibt.

Lassen Sie uns nun schauen, welche Erwachsene eine besonders wichtige Rolle in Ihrer Kindheit und Jugendzeit hatten. Das können Verwandte sein (Großeltern, Tante/Onkel, ein älteres Geschwister), aber auch Nachbarn, Erzieher, Lehrer oder auch eine andere Person.

Die Menschen, an die wir uns erinnern, wenn wir an unsere Kindheit denken, sind uns immer sehr präsent im Kopf. Bitte notieren Sie nun die Namen aller Erwachsenen, die Sie als bedeutend im Kopf haben.

- Das können Erwachsene gewesen sein, mit denen Sie häufig Kontakt hatten (positiven oder negativen). Vielleicht waren diese Menschen rein beruflich gesehen eine Autorität, etwa Lehrer oder Polizist. Oder es waren einfach Personen, mit denen Sie zusammengelebt haben, es gab regelmäßige Besuche, Sie haben viel mit diesem Menschen zu tun gehabt. Da Kindheit und Jugend sehr viele Jahre umspannen, gehen Sie systematisch vor. Sind Sie öfter umgezogen? Dann gehen Sie nach Wohnort vor. Oder denken Sie an die Zeit von Grundschule, weiterführender Schule, ... So erinnern Sie sich konkreter.
- Manchmal gibt es diese eine Anekdote von früher, die sich ganz tief verankert hat, weil es für uns als Kind/Jugendliche sehr emotional war. Notieren Sie auch diese Menschen. Die Mama Ihrer Freundin, die Ihnen einmal auf besondere Weise vermittelt hat, wie besonders Sie sind. Der Deutschlehrer aus der 5. Klasse, der Sie vor der Klasse bloßgestellt hat, indem er sich über Ihren Aufsatz lustig gemacht hat. Oder die tiefe Enttäuschung bezüglich einer Autorität – wenn Sie sich etwa hilfesuchend an einen Erwachsenen gewandt haben, aber man Sie nicht ernst genommen hat. Oder noch schlimmer: Man hat Ihr Vertrauen missbraucht und die Sache wurde später gegen Sie verwendet.

Sie werden eine kleine Liste mit Namen von Personen bekommen, die für Sie bedeutsam waren. Manche Erinnerungen sind schön, andere machen Sie vielleicht zornig oder traurig. Doch heute sind Sie erwachsen! Sie können die damalige Situation besser einordnen und für sich nutzen. Genau das wollen wir jetzt tun. Bitte schreiben Sie nun jeder Person drei treffende Eigenschaftsworte auf den Leib.
Wie war dieser Mensch (generell oder in dieser einen Situation)?
Hier einige Begriffe zu Ihrer Inspiration:

Lieb, nett, warmherzig	rückgratlos	negativ
optimistisch	unfair, gemein	herrisch
fürsorglich	hinterhältig	laut
motivierend	»falsch«, unehrlich	egoistisch
wie ein Fähnchen im Wind	beschuldigend	dominant
unterwürfig	streng	rechthaberisch
fordernd	lebenspraktisch	gemein
ungerecht	begeisternd, mitreißend	strafend
kontrollierend	misstrauisch	gefühlskalt
kritisch	besserwisserisch	zielstrebig
unberechenbar	vorwurfsvoll	hilflos
angeberisch	rational, sachlich	abwesend
unglücklich	cholerisch	aggressiv
verständnisvoll	charmant	klug, intelligent

Vielleicht meldet sich ein allgemeineres Statement à la »Alle Lehrer sind ...« Notieren Sie auch das!

Peers – Die Teenagerzeit und Autoritäten unter Gleichaltrigen

Die Pubertät. Nun kommen nicht nur die Hormone neu ins Spiel, das Abenteuer Pubertät beginnt. Der Blick zurück lohnt sich auch hier, wenn es um Autoritätsprobleme geht. Zusätzlich zu den privaten und schulischen Autoritätspersonen kam jetzt noch die Clique hinzu,

Freunde, mit denen man am Nachmittag, am Wochenende zusammen war, die ihre ganz eigene Dynamik hatte.

- Es gab Alphatiere, die das Sagen hatten, von den andern bewundert wurden und sagten, wo es langgeht.
- Wollte man dazugehören, hatte man sich dem Gruppendruck zu fügen, vielleicht Ansichten nach außen zu tragen, die man gar nicht teilte. Musste mitmachen, sonst war man draußen.
- Manche von uns haben in dieser Zeit ihren besten Freund, ihre beste Freundin gefunden, verbrachten die meiste Zeit zu zweit miteinander. Oder wir haben ein Hobby entdeckt, das uns Spaß machte wie Fußball, Handball, Basketball, Klavier, Gitarre, Schlagzeug spielen, im Chor singen, … und haben darüber für uns wichtige Kontakte mit Gleichaltrigen geknüpft.

Notieren Sie die Namen von Gleichaltrigen, die in Ihrer Teenagerzeit eine Autorität für Sie waren: Das können negative Erfahrungen sein, etwa ein Bully, der Ihnen die Schulzeit zur Hölle gemacht hat. Es können aber auch positive Autoritäten gewesen sein: die beste Freundin, deren Meinung oder Verhalten ein Vorbild für Sie war. Oder aber jemand, der im Freundeskreis den Ton angegeben hat. Weisen Sie diesen Personen wieder drei Eigenschaftswörter zu, die ausdrücken, wie Sie diese einschätzen.

Die Lebenswelt als Jugendlicher ist vor allem deshalb so spannend, weil wir nun an der Schwelle zum Erwachsensein stehen, damit immer autonomer und selbstbestimmter unser Leben führen können bzw. das in der Regel anstreben. Klar gibt es auch Jugendliche, die am liebsten immer Kind und damit in der Abhängigkeit bleiben wollen. Doch die meisten von uns haben sich in dieser Zeit offen oder verdeckt aufgelehnt gegen die Autoritäten im familiären oder schulischen Umfeld. Einige hatten möglicherweise Kontakt mit öffentlichen Autoritäten wie Polizei, Richter oder Jugendamtsmitarbeitern.

Wir sind immer noch gute Beobachter, sehen genau hin, wie das System Schule funktioniert, welchen Stellenwert Frauen und Männer in der Gesellschaft haben, erkennen, welche Tragweite politische Entscheidungen haben. Wir erkennen nun die Zusammenhänge und Auswirkungen, die unser politisches System auf den Einzelnen hat. Und ganz wichtig: Wir haben eine Meinung dazu. Wir sind nun nicht mehr klein, müssen uns nicht mehr alles gefallen lassen, was die Erwachsenen mit uns machen oder für richtig halten. Wir können uns wehren, spüren intuitiv, dass sie uns im Grunde genommen nichts mehr anhaben können. Wir kennen unsere Rechte, wissen, dass wir in einer Demokratie leben und nicht mehr in einer Autokratie, wo nur einer das Sagen hat. Unser Sinn für Gerechtigkeit und Fairness hat sich weiterentwickelt, wir konfrontieren die Erwachsenen damit, wenn wir etwas als nicht gerecht empfinden.

Die Zeit der Pubertät ist eine Zeit der Reflexion. Auf dem Weg zum Erwachsensein halten wir in der Regel inne, stellen uns die Frage: »Was von dem, was meine ersten Autoritäten mir über das Leben vermittelt haben, finde ich gut, werde ich auch später beibehalten – Was davon werde ich ganz sicher nicht übernehmen, wenn ich selbst mal eine Familie habe bzw. wenn ich erwachsen bin?« Auch das Thema Sexualität fällt in diese Zeit. Das fordert zum Neu-Nachdenken über die bisherige Meinung, wie Männer sind, wie Frauen sind, auf und mündet wieder in der Frage: Wie will ich später mal als Mann, als Frau sein? Wie stelle ich mir Vater- bzw. Muttersein vor? Was übernehme ich von meinen bisherigen Vorbildern, was lehne ich ab, mache ich auf jeden Fall ganz anders? Dass genau diese Meinungen später zu Autoritätskonflikten in der eigenen Paar- und/oder Eltern-Kind-Beziehung führen werden, ahnen wir zu diesem Zeitpunkt leider – oder Gott sei Dank – noch nicht.

Wie sieht es mit den äußeren Autoritäten in Schule und Elternhaus in dieser Phase aus? Sie sind ja die »Alten« geblieben, fühlen sich in der Regel nach wie vor zuständig für unsere Erziehung, unsere Entwicklung. Nun haben sie einen Jugendlichen vor sich, dessen wichtigstes Ziel Autonomie ist, der raus will aus der engen Bindung und Kontrolle durch den Erwachsenen. Der gleichzeitig aber auch Selbstzweifel hat, ob er es schaffen wird, dessen Hormone verrückt spielen und die Stimmung Achterbahn fährt.

Auch in dieser Lebensphase geht es um die menschlichen Grundbedürfnisse: Es geht ums Dazugehören zu den Mitschülern, der Clique, zum Mädchen oder Jungen, in den wir uns verguckt haben. Wir wollen zeigen, dass wir stark sind, dass wir kompetent, potent und fähig sind, unser Leben selbst in die Hand zu nehmen. Die Autoritäten sollen doch spätestens jetzt erkennen, dass wir nicht irgendeine Nummer sind, sondern einen eigenen Wert als Mensch haben. Was wir auch in dieser Phase brauchen, sind Menschen, die uns Mut machen, die unsere innere und äußere Not erkennen, unsere Fortschritte sehen und an uns glauben. Haben wir den Eindruck, dass unsere Bedürfnisse den Autoritäten um uns herum egal sind, dass sie uns weiterhin gefügig machen wollen, dass wir nach ihrem Willen funktionieren sollen, dann drehen wir auf, bekommen damit die gewünschte Aufmerksamkeit eben auf negative Art und Weise. Wir spielen dann den Clown in der Klasse, zetteln Zickenkriege an, um die Lehrer zu beschäftigen, werden zum Dauernörgler, ewig motzenden und unzufriedenen Jugendlichen. Oder wir werden zum Angeber und Aufschneider, leben unsere Größenfantasien voll aus, dass wir damit nicht gerade gut ankommen, ist uns völlig egal.

Machen uns die Autoritäten in dieser Zeit Druck, sollen wir ihre Erwartungen erfüllen, dann reagieren wir mit Gegendruck, sagen klar und deutlich Nein zu ihrer noch so gut gemeinten Vorstellung, was gut für uns wäre. Ungerechtigkeiten können wir in dieser Lebensphase überhaupt nicht gut aushalten, und wir haben feine Antennen dafür entwickelt. Wir bestehen auf Fair Play, und wehe, die Autorität geht nicht darauf ein. Dann ist uns jedes Mittel recht, sie an den Pranger zu stellen, die wunden Stellen und Knöpfe, die wehtun, kennen wir längst. Ja, dem Streben nach Autonomie und Selbstbestimmung vonseiten des Jugendlichen setzen Erwachsene oft Druck, Strafen, Kontrolle und harte Konsequenzen entgegen. Wie in der Physik erzeugt Druck bekanntlich Gegendruck, willkürlich verhängte Strafen führen dazu, dass der Jugendliche in Zukunft die Dinge heimlich macht, Kontrolle führt in der Regel zu Unehrlichkeit und Heimlichkeit, harte und unfaire Konsequenzen lassen den Jugendlichen auf Rache sinnen. Der

Teufelskreis dreht sich weiter und weiter, die Erwachsenen greifen auf die Strategien zurück, die sie selbst in ihrer Jugendzeit kennengelernt haben, und somit bleiben beide Seiten im Kampfmodus gefangen.

Autoritäten gegenüber verhielt ich mich in der Zeit der Pubertät tendenziell eher ...

☐ folgsam + erduldend
»Was Erwachsene von mir wollen, mache ich.«
☐ nach Harmonie strebend
»Ich will gemocht werden, bloß kein Streit.«
☐ unauffällig
»Am besten im Hintergrund bleiben, bloß nicht auf deren Radar geraten.«
☐ kritisch-hinterfragend
»Ich möchte genau wissen, warum, wieso, was sind Alternativen?«
☐ aufmüpfig + verhandelnd
»Das sehe ich gar nicht ein / nehme ich so nicht hin.«
☐ emotional strafend
»Wenn du mir so kommst, rede ich nicht mehr mit dir / gibt es Liebesentzug.«
☐ resignierend
»Ich kann eh nichts machen, als mich zu fügen, weil ich keine Macht habe.«
☐ rebellisch + provozierend
»Jetzt erst recht! Ich lass mich zu nichts zwingen!«

Weibliche und männliche Autorität

Schwierigkeiten mit Autoritäten betreffen häufig das Geschlecht. Nicht immer haben wir das richtig auf dem Schirm. Kein Wunder: Bereits als kleine Kinder verankert sich in uns ein bestimmtes Frauen- und Männerbild.

Schauen Sie sich daher alle Einträge in Ihrem Arbeitsblatt aufmerksam an, denn daraus können Sie wunderbar differenziert ableiten, wie Sie über Männer und Frauen »insgesamt« so denken:

Aus der Art der Beziehungsqualität, die Sie zu Ihrer Mutter / Ihrem Vater und den Eltern untereinander vor sich haben, wird deutlich, was Sie direkt vorgelebt bekommen haben. Dazu kommt der Familienalltag, den Sie auch ohne näheres Nachdenken kennen, denn oft bleiben die angestammten Rollen bestehen: Vielleicht hatte der Vater das Sagen oder die Mutter die Hosen an. Vielleicht hatte einer »nichts zu melden«, oder es galt in Ihrer Familie eine Form von »Einmal Hü – Einmal Hott« etwa wenn ein Elternteil den Kindern etwas verboten und der andere dies ignoriert oder relativiert hatte.

Haben Sie Geschwister, wurden in der Regel innerhalb der Familie entsprechende Rollen verteilt. Wer hat welche Aufgaben bekommen, wem wurde was zugetraut? Gab es unterschiedliche Maßstäbe, was Bruder oder Schwester durften oder wie auf ihr Verhalten reagiert wurde?

Gehen Sie die bedeutenden weiblichen und männlichen Erwachsenen außerhalb Ihrer Familie noch mal durch.

Und schließlich die weiblichen und männlichen Erzieher und Lehrer, mit denen Sie im Laufe Ihrer Kindergarten- und Schulzeit zu tun hatten.

Welche Worte fallen Ihnen ein, wenn Sie an die männlichen, die weiblichen Mitglieder Ihrer Herkunftsfamilie denken? Wer kommt besser weg, wer schlechter bei den Attributen und Eigenschaften, die Sie mit Männern, mit Frauen verbinden?

Z. B.

- Männer sind: dominant, kalt, verschlossen, fordernd, streng, witzig, zuvorkommend, höflich, egoistisch, ruhig, sensibel, stark, großzügig, ablehnend, hilflos, geizig, materiell eingestellt, leistungsstark, zielstrebig, klug, liebevoll, selbstbewusst, rational, gefühlsarm, abwesend, technikversiert, ohne Rückgrat, berechenbar, unberechenbar, ...
- Frauen sind: überfordert, fürsorglich, unglücklich, streng, tolerant, unsicher, intelligent, besserwisserisch, kreativ, kontaktfreudig, freundlich, herrisch, Arbeitstiere, geheimnisvoll, vorwurfsvoll, kontrollierend, manipulierend, geduldig, unberechenbar, hilfsbereit, handwerklich begabt, emotional, warm, herzlich, zupackend, optimistisch, berechenbar, ...

Bitte seien Sie ehrlich. Es geht nicht um politische Korrektheit. Selbst wenn Sie den Impuls haben, etwas zu beschönigen oder nicht in Geschlechterklischees verfallen möchten. Wir brauchen Ihre ehrliche Meinung zu Ihrem Frauen- und Männerbild.

Na? Da ist doch eine ganze Menge zusammengekommen! Ist es nicht erstaunlich, wie vielen verschiedenen Einflüssen wir von Geburt bis zur Teenagerzeit ausgesetzt sind? Wie jeder von uns das gedeutet und bewertet hat, damit zu seinen Meinungen und Überzeugungen gekommen ist? Abgesehen von unseren angeborenen Merkmalen und dem Temperament, das wir mitgebracht haben, sind die ersten Lebensjahre die prägendsten überhaupt. Es verwundert nicht, dass wir sämtliche Schwierigkeiten, mit denen wir als Erwachsene immer wieder konfrontiert sind, erst mit der Rückschau in die eigene Vergangenheit zu packen bekommen. Im nächsten Kapitel geht es darum, wie Sie heute ticken. Wenn Sie die Fragen bisher übersprungen haben, holen Sie sie bitte vor dem Weiterlesen nach!

2. So ticke ich heute – die eigene Psycho-Logik besser verstehen

Äußerlich sind wir alle erwachsen, doch die Erlebnisse aus Kindheit und Jugendzeit haben Spuren hinterlassen. Alles, was wir an Schönem und weniger Schönem erlebt und erfahren haben, hat uns zu dem Menschen werden lassen, der wir heute sind. Wir haben an Jahren zugelegt, doch das kleine Mädchen, der kleine Junge von damals ist immer noch aktiv, auch wenn wir Elternhaus, Kindergarten, Schule hinter uns gelassen haben. Wir haben heute noch die gleichen Sehnsüchte und sehr ähnliche Ziele wie damals in uns, die uns steuern, motivieren, auch wenn wir uns dessen nicht immer bewusst sind:

- Wir suchen in nahen Beziehungen das Gefühl von Sicherheit und Liebe.
- Wir wollen unser Leben auf die Reihe kriegen, es selbstwirksam im Rahmen unserer Möglichkeiten gestalten.
- Wir möchten gesehen, gehört und ernst genommen werden – beruflich und privat.
- Und wie gut tut uns auch als Erwachsenen noch der Zuspruch von anderen Menschen, die an uns glauben, uns Mut machen, gerade wenn wir selbst mutlos sind oder es mal nicht so gut läuft!

Dazu kommt, dass jeder von uns sich auch als Erwachsener immer wieder die Frage stellt, wie er seine aktuelle Situation weiter verbessern, wie er oder sie noch erfolgreicher sein kann. Auf keinen Fall soll es uns zukünftig schlechter gehen als bisher. Dieses Streben nach Verbesserung, nach weiterer Vervollkommnung ist ein wesentliches Merkmal des Menschen, es gehört quasi zu unserer Grundausstattung – von Geburt an sind wir motiviert und verfolgen Ziele, auch wenn sie uns nicht immer voll bewusst sind.

Und noch etwas begleitet uns lebenslänglich. Als soziale Wesen stehen wir immer mit anderen Menschen in Verbindung. Vor allem in uns wichtigen Beziehungen ist es uns nicht einfach egal, wie es dem anderen geht. Selbst wenn wir heute nicht mehr vollkommen abhängig vom Goodwill unseres Gegenübers sind, spüren wir doch die wechselseitige Abhängigkeit von Person und Situation, in der Fachsprache heißt das »Interdependenz«: Eine Aktion von mir oder meinem Gegenüber löst in der Regel eine Re-Aktion beim Gegenüber oder bei mir aus. Dabei gibt es positive und negative Varianten. Eine nette Geste, ein freundlicher Blick als Start-Ping löst mit hoher Wahrscheinlichkeit ein positives Pong aus, Unfreundlichkeit in Mimik und Gestik eher ein negatives.

Unser Verhalten hängt allerdings zum größten Teil von unseren Überzeugungen und Meinungen ab. Und jetzt wird es spannend!

Im ersten Kapitel haben Sie sich intensiv mit den weiblichen und männlichen Autoritäten beschäftigt, die in den ersten 18 Lebensjahren eine wichtige Rolle in Ihrem Leben gespielt haben – sie alle haben einen Anteil daran, dass Sie heute so im Leben stehen, zu dem Menschen geworden sind, der Sie heute sind. Doch diese ersten Autoritäten sind nicht *schuld* im Sinne von: Wegen denen bin ich heute so. Das wäre eine Ausrede, ein Alibi, ein Sich-Drücken vor der eigenen Verantwortung. Sie selbst haben von Anfang an mitgespielt, haben genau beobachtet und mit zunehmender Reife oft blitzschnell überlegt, was genau jetzt die beste Strategie wäre, um heil aus der Sache rauszukommen, um diese Situation körperlich und seelisch gesund zu überstehen. Ich hoffe, dass es Sie nicht allzu hart getroffen hat, dass Sie nicht ums nackte Überleben kämpfen mussten, dass Sie keine sexuelle Gewalt erfahren haben als Kind oder Jugendlicher, dass Ihnen Flucht oder Vertreibung aus der Heimat erspart geblieben sind. Hoffentlich konnten Sie sich im vorhergehenden Kapitel auch an Autoritäten erinnern, die im positiven Sinn bleibenden Eindruck bei Ihnen hinterlassen haben.

Nun sind Sie erwachsen, stehen beruflich und privat im Leben, stellen sich den Herausforderungen, die das Leben täglich so mit sich bringt. Sie haben zu diesem Buch gegriffen, weil Sie aktuell oder immer wieder mal mit Autoritäten im beruflichen oder privaten Leben anecken oder in Konflikt geraten. Mit hoher Wahrscheinlichkeit löst dieser Mensch, besser gesagt sein Verhalten, ungute Gefühle in Ihnen aus, die Sie aus früherer Zeit kennen. Und das ist der springende Punkt, das verbindende Komma. Sie haben so lange gewartet, bis Sie immer unabhängiger wurden von den Autoritäten aus Elternhaus, Kindergarten, Schule, Studium oder Beruf. Doch jetzt taucht erstmals oder schon wieder so ein Mensch auf, der mit Macht, und damit mit Autorität, ausgestattet ist und Ihnen das Leben schwer macht.

Es gibt eine Stellschraube, an der Sie die Sache zu Ihren Gunsten drehen können.

Dazu braucht es den mutigen Blick in Ihre Psycho-Logik. Als Individualpsychologin verwende ich dafür den Begriff »private Logik«. Was genau meine ich damit?

Private Psycho-Logik:
Unser Gehirn funktioniert in gewisser Weise ähnlich wie ein Supercomputer. Bei jedem von uns gibt es vier Hauptordner: ICH BIN ..., DIE ANDEREN SIND ..., DAS LEBEN IST ..., DIE WELT IST ...
Für jeden dieser vier Bereiche legt unser Denkapparat von klein auf Unterordner an, die prall gefüllt sind mit Erlebnissen, Erfahrungen, Meinungen, Ansichten, Rückschlüssen und Verhaltensweisen. So haben wir unter anderem bereits als Kleinkind aus den Aktionen und Reaktionen der Erwachsenen Strategien entwickelt im Sinne von: »Wenn die Autorität das mit mir macht, so schaut, so klingt, sich so benimmt, dann verhalte ich mich am besten so und so.«
Weil unser Gehirn so effizient ist, sortiert es, bildet Zusammenhänge – und bewertet, was besonders relevant ist. Außerdem hat es die sehr wichtige Aufgabe, uns zu schützen, indem es uns in Alarmbereitschaft versetzt. Dann fühlen wir uns gestresst, haben Angst oder fahren die Krallen aus, um uns zu verteidigen.
Wir alle können nur auf das zurückgreifen, was wir in irgendeiner Form festgehalten, sprich als wichtig abgespeichert haben.

Machen Sie nun den ersten Test – Ergänzen Sie bitte aus dem Stand heraus den Satzanfang: *Autoritäten sind ...*

Wie gerne wäre ich nun persönlich bei Ihnen, würde genau Ihre Worte hören, da sich im Vier-Augen-Gespräch Ihr persönliches Denksystem immer weiter entfalten würde. Ich bin als Therapeutin immer wieder erstaunt, wenn Menschen fest davon überzeugt sind, dass sehr viele andere diesen Anlaufsatz ähnlich wie sie selbst beantworten würden. Das wäre doch »normal«, heißt es dann häufig, weil Autoritäten halt so sind. Doch Ihr Normal ist nicht automatisch ein allgemein gültiges Normal. Sie haben diesen Satzanfang im Sinne Ihrer privaten Logik weitergeführt, und das fühlt sich für Sie tatsächlich ganz normal an.

Sie sind von Stunde null an in Kontakt getreten mit den Menschen in Ihrer Umwelt. Sie haben agiert = Aktionen gestartet. Und re-agiert = geantwortet auf die Aktionen des Erwachsenen. Ihre Ziele waren umfassend und gleichzeitig eindeutig. Sie wollten sich entwickeln und Ihre aktuelle Lage verbessern. Im Laufe der Zeit konnten Sie die Erwachsenen immer besser einschätzen, wussten ziemlich gut, wie dieser Mann, diese Frau auf Ihr »Ping« reagieren wird und wie Sie Ihrerseits auf sein oder ihr »Pong« reagieren sollten. Bis hierher läuft es für jeden von uns gleich ab. Individuell wird es ab dem Moment, wo wir beginnen, diese Ping-Pong-Spiele zwischen uns und den Erwachsenen zu interpretieren. Wir ziehen immer – oft unbewusst – Rückschlüsse aus dem, was uns widerfährt, wie man uns behandelt. Und diese Interpretationen des Erlebten werden zu unserer Psycho-Logik. Für Sie macht *Ihr* Denken Sinn, für mich macht *mein* Denken Sinn, weil es jeweils für uns logisch ist. So weit die Theorie der privaten Psycho-Logik.

Sehen wir uns ganz praktisch an, welche Rückschlüsse Mann oder Frau ziehen könnten, die als Kind verwöhnt wurden. Ich stelle Ihnen einfach mal vier mögliche Psycho-Logiken vor, die alle – aufgrund der gemachten Erfahrungen dieses Menschen – sinnvoll, logisch nachvollziehbar sind.

- *Ich wurde verwöhnt als Kind, das war so schön und angenehm für mich, das möchte ich als Erwachsene anderen Menschen gerne weitergeben.* Ich werde also Ausschau halten nach Menschen, die sich gerne verwöhnen lassen. Ich werde stets hilfreich zur Stelle sein, wenn es darum geht, Dinge für andere zu regeln. Ich werde immer ein offenes Ohr haben, wenn es Menschen schwer haben im Leben.

- *Ich wurde als Kind verwöhnt, deshalb erwarte ich auch als Erwachsene, dass die anderen mich verwöhnen, mich als Prinz/Prinzessin behandeln.* Ich werde schauen, dass ich immer das bekomme, was ich will. Immerhin bin ich der Nabel der Welt, und die Welt soll sich um mich drehen, das haben mir die Erwachsenen doch versprochen, als ich klein war.
- *Ich wurde als Kind verwöhnt, doch als Gegenleistung erwarteten die Erwachsenen Dankbarkeit von mir.* Deshalb werde ich später, wenn ich groß bin, Unterstützung und Hilfsangebote ablehnen, da ich niemandem mehr zu Dank verpflichtet sein möchte. Ich werde schauen, dass ich alles selbst hinbekomme, die anderen nicht oder nur im äußersten Notfall um Hilfe bitten muss.
- *Ich wurde als Kind verwöhnt, mir wurde viel abgenommen, weil ich angeblich zu klein, zu schwach, zu … dafür war.* Doch dieses künstliche Kleingehaltenwerden hat mich genervt. Deshalb werde ich später jedem zeigen, dass ich auch aus eigener Kraft was zustande bringe.

Sie wurden nicht verwöhnt, sondern eher streng und autoritär erzogen? Dann hier vier weitere Möglichkeiten, wie Sie die Sache interpretiert haben könnten.

- *Ich wurde als Kind autoritär erzogen.* Ich habe von Anfang an sehr genau beobachtet, welche Mittel es braucht, um andere einzuschüchtern und gefügig zu machen. Wenn ich groß und erwachsen bin, werde ich das dann genauso machen, denn ich weiß ja, wie es geht.
- *Ich wurde als Kind autoritär erzogen.* Darunter habe ich sehr gelitten und werde daher später alles daransetzen, dass ich nicht so werde wie die Autoritäten, die mich erzogen haben. Ich werde meine Kinder niemals schlagen, da ich Gewalt verabscheue, wenn ich es bei anderen sehe, werde ich Mittel und Wege finden, das zu unterbinden.
- *Ich wurde als Kind autoritär erzogen.* Für mich ist das völlig normal, dass es mächtigere Menschen gibt, die sich durchsetzen, und andere,

die es sich gefallen lassen. Ich kam früher schon am besten damit klar, wenn ich mich unterordne, mich anpasse und gute Miene zum bösen Spiel mache. Das muss wohl so sein.

- *Ich wurde als Kind autoritär erzogen.* Ich habe mir schon als Kind gedacht, dass es auch anders gehen kann. Deshalb werde ich später mal Mittel und Wege finden, wie Menschen menschlich miteinander umgehen können, da ich überzeugt bin, dass das möglich ist.

Ist das nicht interessant, welche unterschiedlichen Rückschlüsse jeder von uns aus den vorgefundenen Gegebenheiten ziehen kann? Ich habe Ihnen gerade mal vier von unendlich vielen Möglichkeiten vorgestellt, wie wir als Kind Situationen deuten und interpretieren können. Spannend wird es, wenn wir als Erwachsene die Auswirkungen unserer als Kind gezogenen Rückschlüsse erkennen.

Seien Sie also künftig hellhörig, wenn das Wort »normal« auftaucht!

Doch nun sind Sie dran. Sind Sie neugierig auf Ihr Datenarchiv, das Sie sich aufgebaut haben im Laufe der Jahre? Sehr gut! Dann lassen Sie uns exemplarisch in einige Unterordner hineinlinsen, die für Autoritätsprobleme besonders relevant sind.

2.1 Was wir über Autoritäten abgespeichert haben, wirkt sich heute auf unser Denken, Fühlen und Handeln aus

Damit wir zum Ordner »Autoritäten« gelangen, öffnen wir den Hauptordner »Die anderen sind …«. Hier finden wir zwei Unterordner, die fein säuberlich getrennt sind in männlich und weiblich, da wir bereits im Kindergartenalter bewusst wahrgenommen haben, dass es zweierlei Geschlecht bei großen und kleinen Menschen gibt. Hier liegen sie also, die Informationen, die Sie aufgrund Ihrer Erlebnisse und Erfahrungen mit Autoritäten abgespeichert haben. Vielleicht haben Sie selbst schon mal Anekdoten aus Ihrer Schulzeit zum Besten gegeben oder kennen solche Geschichten von anderen. Dann wissen Sie jetzt, welcher Ordner in diesem Moment offen war und dass diese Episode wohl bleibenden Eindruck hinterlassen hat.

Wo finden Sie sich wieder, von welchen Aussagen fühlen Sie sich angesprochen, welche würden Sie verneinen? Wie immer: Ganz spontan antworten bitte.

Weibliche Autoritäten sind:

- ☐ klug, intelligent, charmant, charismatisch, vorbildlich, humorvoll
- ☐ selbstbewusst, zielstrebig, wissen, wo es langgeht, verhandlungsstark
- ☐ haben Weitblick, hören zu, sind höflich, kommunikativ, hilfsbereit
- ☐ begeisternd, gefühlvoll, verständnisvoll, vermittelnd, tolerant, fehlerfreundlich

Männliche Autoritäten sind:

- ☐ rechthaberisch, besserwisserisch, dominant, machtorientiert, laut, rücksichtslos
- ☐ gehen über Leichen, negativ, fordernd, fehlersuchend, egoistisch
- ☐ kontrollierend, misstrauisch, gefühlskalt, sachlich, rational
- ☐ unfair, ungerecht, unberechenbar, gemein, hinterhältig, manipulierend

Ich höre Sie förmlich »Hä?« sagen: So ein absolutes Schwarz-Weiß-Denken hat doch kein Mensch! Stimmt, Sie haben recht. Mir war es allerdings wichtig zu zeigen, dass Autoritätsprobleme niemals allgemeingültig sind. Wir unterscheiden in unserer privaten Logik immer nach Männlein und Weiblein. Für jeden von uns macht es durchaus einen Unterschied, ob unser Kollege, Chef, Fitnesstrainer, Nachbar, Bürgermeister weiblich oder männlich ist, ob wir Eltern eines Jungen oder eines Mädchens werden. Das gilt im privaten, im beruflichen Bereich und in der Freizeit genauso.

Jeder von uns hat sich seine ganz eigene Meinung zu männlicher und weiblicher Autorität gebildet, und wir befragen unsere private Logik, wann immer es um die Beziehung zu einem Mann, einer Frau geht. Dabei spielt es keine Rolle, ob wir diesen Menschen beruflich, privat oder in der Freizeit treffen. Sie haben aus dem, was Sie früher mit männlicher oder weiblicher Autorität erlebt haben, Rückschlüsse gezogen, die bis heute wirken. Woran Sie das merken? Nun, sind Sie eine Frau, dann geben Sie bei der Suche nach einem Frauenarzt einer Frau oder einem Mann den Vorzug. Männer und Frauen lassen sich bei der Wahl vom Haus- oder Facharzt davon leiten, und wir befragen bei politischen Wahlen vorab unser Datenarchiv, bevor wir das Kreuzchen setzen. Natürlich tun wir das nicht so bewusst, wie ich das gerade beschreibe, doch so funktioniert es, und es ist gut, sich das immer wieder klarzumachen. Es macht für die meisten von uns auch einen Unterschied, ob sie einen Mann oder eine Frau als Vorgesetzten haben, ob Kollegen männlich oder weiblich sind. Warum das so ist, liegt nun klar auf der Hand. Es hat mit unserer Vergangenheit zu tun. Wir wurden nicht gendergerecht oder divers erzogen, sondern von Eltern, die ihrerseits von Eltern erzogen wurden, die wiederum Eltern hatten. Auch wenn ich damit keinesfalls das Verhalten dieser Menschen entschuldigen möchte, möchte ich sie doch ein wenig in Schutz nehmen. Ihre Autoritäten aus Kindertagen wurden von Autoritäten früherer Generationen erzogen. Woher sollten Ihre Eltern, Erzieher, Lehrer also wissen, wie man Kinder geschlechtssensibel erzieht oder dass Kindheit ein Lern- und Erfahrungsraum ist, um gut fürs spätere Leben gerüstet zu sein? Für Eltern, Großeltern oder Urgroßeltern mit Kriegserfahrung waren (oder sind) solche Gedanken böhmische Dörfer, neumodischer Quatsch oder interessante Optionen.

Gleich stelle ich Ihnen einige typische Denkmuster vor im Sinne von »So sind Autoritäten« – und Sie gleichen ab, was davon sich in Ihrer privaten Logik befindet. Hier braucht es vor allem eins: Ehrlichkeit zu sich selbst. Vielleicht kommen einige Dinge zutage, die Ihnen nicht gefallen werden, daher die gute Nachricht gleich vorweg. Ja! Sie können selbstverständlich Ihren Speicher neu und überschreiben – dazu mehr in den nächsten beiden Kapiteln. Doch zunächst heißt es zu akzeptieren, dass wir eine eigene Psycho-Logik entwickelt haben und diese innere Logik dafür sorgt, dass wir so ticken, wie wir aktuell ticken. Erst wenn wir verstehen, was wie wirkt, können wir uns entscheiden, anders zu denken.

Unsere eigene Psycho-Logik ist sehr komplex. Darum hilft es enorm, sich an konkreten Aussagen und Erwartungen entlangzuhangeln: Kreuzen Sie bitte alle Aussagen an, denen Sie grundsätzlich zustimmen können, auch wenn die weitere Beschreibung nicht zu 100 % zutrifft. Bitte differenzieren Sie dabei in weiblich – männlich. Damit kommen Sie Ihrer privaten Logik weiter auf die Schliche und finden leichter den Hebel, mit dem sich Ihr aktuelles Autoritätsproblem lösen lässt.

☐ weibliche ☐ männliche

Autoritäten setzen mich unter Druck.

Mit hoher Wahrscheinlichkeit haben die Autoritäten aus Kindheits- und Jugendjahren Sie häufig unter Druck gesetzt. Das Wörtchen »muss«, vor allem das »Du musst …« wurde damals von den Erwachsenen überstrapaziert, und nun kommen Kollege, Chef, Schwiegereltern oder der Lebenspartner, die Lebenspartnerin wieder damit an. Am liebsten würden Sie laut rufen: Nein, ich muss gar nix – außer sterben –, und das müssen wir alle! **Im Ordner »Autoritäten sollten, müssten …«** finden sich Sätze wie: Sie sollten mich in Entscheidungen mit einbeziehen, Erklärungen liefern, Zusammenhänge erläutern. Und ganz wichtig: Autoritäten sollten mir Freiräume zugestehen, sollten mich ausprobieren lassen, sollten Fehler als Lernchancen und als menschlich normal ansehen.

☐ weibliche ☐ männliche

Autoritäten wollen mich auf ihre Seite ziehen.

Sie kennen Loyalitätskonflikte, auch wenn Sie als Kind das Wort nicht kannten. Sie kennen dieses »zwischen den Stühlen sitzen«, wenn beide Seiten an einem ziehen, zerren, und das gegeneinander Ausspielen. Jetzt verlangt die aktuelle Autorität von Ihnen ein klares Bekenntnis für Ihre Sicht der Dinge. **Autoritäten sollten aufhören mit diesem blöden Spiel ums eigene Ego,** sie sollten Dinge, die unsere Beziehung betreffen, mit mir klären, und was sie mit anderen haben, mit denen. Sie sollten mir keine Fragen stellen, deren Antwort sie später gegen mich verwenden oder verdreht weiterreichen.

❑ weibliche ❑ männliche

Autoritäten erpressen emotional.

Höchstwahrscheinlich haben Sie eisiges Schweigen, abschätzige Blicke vonseiten der Erwachsenen bereits als Kind kennengelernt. Oder offensive Vorwürfe à la »Ich bin so enttäuscht von dir« oder »Selber schuld, wenn ich dich anschreien muss«. Kein Wunder, dass Sie bei Vorwürfen und Schuldzuweisungen heute allergisch reagieren.

Autoritäten sollten die Verantwortung für die eigenen Gefühle übernehmen und nicht andere dafür verantwortlich machen. Die Autoritäten sollten ihren Anteil am Problem sehen, nicht nur die Schuld beim anderen suchen. Sie sollten souverän und erwachsen handeln.

❑ weibliche ❑ männliche

Autoritäten bestimmen, bestrafen und machen mir Angst.

Vermutlich wurde Ihnen als Kind Angst gemacht, wurden mit Bestrafung gedroht oder Gehorsam verlangt. Sie hatten keine Wahl, mussten sich fügen oder die Strafe in Kauf nehmen. Nun treffen Sie beruflich und privat wieder auf Menschen, die mit Angstmachen, Panikverbreiten oder mit Androhung harter Konsequenzen unterwegs sind.

Autoritäten sollten sagen, was Sache ist, Zahlen, Daten, Fakten auf den Tisch legen. Sie sollten mich nach meiner Meinung fragen, wie man das Problem lösen könnte, sollten mich in Entscheidungsprozesse mit einbeziehen, zumindest erklären, wieso sie so oder so entschieden haben.

❑ weibliche ❑ männliche

Autoritäten sind egoistisch, denken nur an sich selbst.

In Ihren Kindertagen gab es vermutlich Erwachsene, die sich für den Nabel der Welt gehalten haben, die nur um sich kreisten. Sie als Kind wurden übersehen, waren nicht wichtig, Ihre Meinung zählte nicht. Nun taucht wieder so ein Typ in Ihrer Nähe auf.

Autoritäten sollten das Gegenüber achten und wertschätzen. Jeder hat ein Recht darauf, dass seine Bedürfnisse berücksichtigt werden! Begeisterung sollte nicht der eigenen Person gelten, sondern anderen Menschen, idealerweise einer Sache, die allen dient und nützt.

❒ weibliche ❒ männliche

Autoritäten sind strenge und unerbittliche Richter.

Sie saßen vermutlich öfter mal auf der Anklagebank oder wurden ins Kreuzverhör genommen. Der Schuldspruch kam, ohne dass Sie etwas sagen konnten. Auch heute kommen Sie nicht wirklich zu Wort, die Autorität fällt das Urteil über Sie oder die Situation, und basta.

Autoritäten sollten menschlich sein. Sie sollen respektvoll mit ihren Mitmenschen umgehen, ihnen zuhören und sich ein umfassendes Bild der Lage machen. – Wir alle sind wertvolle Menschen, die auf Augenhöhe miteinander umgehen sollten.

❒ weibliche ❒ männliche

Autoritäten kann man es nie recht machen.

Vermutlich haben Sie viel getan als Kind, um die Erwachsenen zufriedenzustellen. Sie haben Erwartungen erfüllt oder abgeschätzt, was den anderen gefallen könnte – doch Sie lagen immer wieder auch daneben, hätten es anders oder gar nichts machen sollen. Sie kennen die Enttäuschung, wenn Ihre Anstrengungen ins Leere laufen.

Autoritäten sollten Wünsche klar und direkt äußern, nicht subtil und unterschwellig. Und ganz wichtig: Autoritäten sollten auch ein Nein respektieren, ohne die Beziehung insgesamt infrage zu stellen. Sie wünschen sich Feedback, wenn Dinge gut oder nicht gut gelaufen sind.

❒ weibliche ❒ männliche

Autoritäten kontrollieren und überwachen zu sehr.

Früher waren es Schulranzen- und Hausaufgabenkontrolle, der Rechenschaftsbericht, mit wem Sie wo unterwegs waren. Heute will die Autorität über jeden Kleinkram informiert werden, redet dabei aber von Vertrauen und Delegieren von Verantwortung.

Ginge es nach Ihrer privaten Logik, sollten Autoritäten mehr Vertrauen haben. Sie sollten im Vorfeld offen und transparent kommunizieren, was Sie bis wann erwarten, und regelmäßige Termine vereinbaren für einen konstruktiven Austausch.

❑ weibliche ❑ männliche

Autoritäten sind unberechenbar.

Wahrscheinlich hat es Sie als Kind mehr als einmal eiskalt erwischt. Eben war alles noch friedlich und freundlich, dann kippt die Stimmung, und die Autorität wird grundlos aggressiv. Oder Ihnen wurde etwas versprochen, doch Sie konnten sich auf nichts verlassen. Diese emotionale Achterbahnfahrt erleben Sie jetzt wieder.

Autoritäten sollten berechenbar sein. Sie sollten sich ihrer Führungsrolle bewusst sein, die mit Orientierung und Sicherheit geben verbunden ist. Sie sollten zu ihrem Wort stehen, zuverlässig und verlässlich sein.

❑ weibliche ❑ männliche

Autoritäten sind rechthaberisch und dominant.

Die Autorität hatte immer recht, durfte nicht infrage gestellt werden. Diese Dominanz, dieses »auf dem Sockel stehen und bewundert werden wollen« war damals schon und ist heute immer noch unangenehm für Sie.

Autoritäten sollten ein hohes Maß an Selbstreflexion haben. Sie sollten den Unterschied kennen von »Ich habe sachlich, faktisch gesehen recht – und ich will recht haben«. Autoritäten sollten sich als Teil des Ganzen sehen. Sie sollten Macht mit anderen teilen, statt Macht über andere haben wollen.

❑ weibliche ❑ männliche

Autoritäten verlangen Bestleitung + Perfektion von mir.

Nichts war den Erwachsenen damals gut genug, alles hätte noch einen Tick besser sein können. Ihre Devise war: »Streng dich mehr an, damit du an die Spitze kommst!« Nun macht die aktuelle Autorität auch wieder Druck und erwartet immer noch bessere Ergebnisse.

Autoritäten sollten Schluss machen mit diesem »noch besser, höher,

schneller«. Sie sollten erkennen, dass Perfektionismus eine Krankheit ist, die in Depression und Burnout führt.

☐ weibliche ☐ männliche

Autoritäten predigen Wasser und trinken Wein.

Wenn früher mit zweierlei Maß gemessen wurde, wurde von Ihnen Höflichkeit, Rücksichtnahme und Respekt erwartet, doch es war eine Einbahnstraße, die wohl nur für kleine Menschen galt. Sie haben stillgehalten, doch jetzt triggert die Autorität, wenn sie von Ihnen etwas erwartet oder verlangt, was sie selbst nicht bringt.

Gerade Autoritäten sollten Vorbild sein. Ich erwarte, dass sie vorleben, was sie verlangen, und dass sie Regeln selbst einhalten. Sie sollten sich hinterfragen, ob sie selbst ein Vorbild sind für das, was sie von anderen erwarten.

☐ weibliche ☐ männliche

Autoritäten verteilen Etiketten, stecken vorschnell in Schubladen.

Sie kennen die Labels, die unsichtbaren Etiketten, die Ihnen als Kind oder Jugendlicher aufgeklebt wurden im Sinne von: Streberin, Zicke, Heulsuse oder Angeber, Klassenkasper, Rebell. Heute haben Sie wieder den Eindruck, dass die Autorität Sie in Schubladen steckt, mit Etiketten versieht im Sinne von: Ah, das ist die/der soundso ...

Autoritäten sollten immer den Menschen im Blick haben, sollten Sie als Person sehen, Ihnen vermitteln, dass Sie als Mensch in Ordnung sind, dass es nur um das gerade gezeigte Verhalten geht. Autoritäten sollten prinzipiell den Menschen von seinem Verhalten trennen.

✎ Es ist sehr wahrscheinlich, dass Sie die eine oder andere Aussage etwas abwandeln möchten. Schauen Sie ruhig auch noch mal in Ihre Antworten vom ersten Kapitel und ziehen sie weitere Statements heraus!

Denken Sie daran: Oft waren es einzelne Menschen aus Kindheit und Jugend, die mehrere Überzeugungen – und Erwartungen – rund um Autoritäten bei uns geprägt haben. Klar haben vor allem die Erwachsenen, die uns rückblickend das Leben schwer gemacht haben, den stärksten Eindruck hinterlassen und tauchen in einigen Dateien, sprich Überzeugungen, heute noch bei uns auf. Als Therapeutin finde ich es immer wieder spannend, dass meine Klienten bei der Frage nach »Autoritäten sollten« so gut wie nie nach männlich und weiblich unterscheiden. Es sieht also ganz danach aus, dass unsere Ansprüche an Autoritäten *unisex* sind, wir uns diesen Umgang von Mann und von Frau wünschen. Wie war das bei Ihnen gerade?

Sie sind sich selbst nun einen großen Schritt nähergekommen, können ab jetzt bei jedem Konflikt mit Autoritäten eine Querverbindung ziehen zu Ihrer privaten Logik. Sie wissen ab jetzt immer schneller, welche Datei in welchem Ordner wohl gerade offen ist, wenn Sie etwas triggert, was Ähnlichkeiten hat mit vergangenen Situationen, die schmerzhaft waren, die nicht spurlos an Ihnen vorbeigegangen sind.

Sicherlich hatten Sie auch einige Aha-Momente, als Sie sich Ihrer glasklaren Erwartungen an Autoritäten bewusst wurden. So sollte es sein, so sollte die Autorität sich verhalten, oder im Umkehrschluss: *Das darf die Autorität auf keinen Fall tun! Sonst …* Ja, was passiert dann?

Übrigens: Was wir über Autoritäten denken, tun wir oft selbst!

Drehen wir die Statements, die Sie zu Autoritäten gemacht haben, mal um: Hand aufs Herz – was trifft auf Sie zu?

- ☐ Ich setze mich – und andere – schnell mal unter Druck.
- ☐ Ich möchte andere auf meine Seite ziehen.
- ☐ Ich neige manchmal dazu, andere emotional zu erpressen.
- ☐ Ich bestimme, bestrafe, schüchtere ein.
- ☐ Ich bin eher egoistisch, denke eher an mich selbst.
- ☐ Ich urteile streng über mich und andere.
- ☐ Mir kann man es nie oder nur sehr selten recht machen.
- ☐ Ich kontrolliere und überwache, was andere tun/dass alles »richtig« läuft.
- ☐ Ich bin unberechenbar (kann Absprachen betreffen, Launen/Gefühlsausbrüche).

- ☐ Ich bin mitunter rechthaberisch und dominant.
- ☐ Ich verlange Bestleistung + Perfektion von mir oder/und anderen.
- ☐ Es kommt vor, dass ich mit zweierlei Maß messe und von anderen verlange, was ich selbst nicht tue.
- ☐ Ich verteile Etiketten, stecke andere schnell in Schubladen.

Zu erkennen, dass es hier Parallelen gibt, heißt übrigens nicht, dass Sie »so geworden sind wie ...« (»Oh mein Gott, ich bin wie meine Mutter!«). Nein! Sie sind eine eigene Persönlichkeit, doch wir alle konnten uns nur an dem, was uns widerfahren ist, orientieren und entwickeln.
Es ist großartig, dass Sie bereit dazu sind, sich so ehrlich zu hinterfragen – auch wenn das nicht immer leicht ist, denn wer gibt zum Beispiel gerne zu, dass er rechthaberisch ist oder andere unter Druck setzt. Doch genau diese Erkenntnisse sind Teil des aktuellen Autoritätskonflikts und dessen Lösung.

2.2 Der Einfluss der senkrechten Leiter

Jetzt wechseln wir den Ordner, und auch hier bitte ich Sie zunächst darum, ganz spontan diesen Satz zu vervollständigen:

Ich bin ...?

Meine Klienten nennen mir häufig den Beruf. Das, was sie gelernt haben. Danach kommen in der Regel Eigenschaften und Fähigkeiten, die sie an sich gut oder nicht gut finden. Ich schreibe alles sorgfältig mit und achte auf Vergleichsworte, wie »besser, schlechter, mehr, weniger, nur, kein«. Diese tauchen regelmäßig und schnell auf, das hört sich dann ungefähr so an:

» *»Ich bin nur ein einfacher Angestellter, nur Hausfrau, habe nur einen Hauptschulabschluss, kein Studium, bin nicht reich, nicht so schlank, kann nicht gut Englisch, bin in Sport eine Niete, bin in dem Punkt besser oder schlechter als ...«*

Solche Vergleiche mit anderen in puncto Sport, Sprachen, Figur, Geld, Beruf etc. sind eine Sichtweise auf zwischenmenschliche Beziehungen, die viele Menschen für absolut »normal« halten, weil sie in unserer Gesellschaft so weit verbreitet ist.

Stellen Sie sich eine Leiter vor, deren unteres Ende unendlich tief in den Abgrund und das obere Ende, die Leiterspitze, unendlich weit in den Himmel ragt. Auf jeder Leitersprosse ist nur Platz für eine Person, jeder steht entweder über oder unter dem anderen. Jeder Mensch sortiert sich auch thematisch auf diversen Leitern ein, was immer ihn gerade beschäftigt. Die Leiter steht senkrecht, und es gibt genau eine Sprosse, auf der er aktuell steht. Immer ist jemand eine oder mehrere Sprossen über oder unter mir.

z. B.:

- Da gibt es die Einkommensleiter, bei der jede Sprosse klar mit Zahlen vor und nach dem Komma definiert ist. Wer mehr oder weniger verdient, steht über oder unter dem anderen.
- Menschen mit einer senkrecht stehenden Sex-Leiter vergleichen sich, um herauszufinden, ob sie in puncto Häufigkeit oder Qualität über oder unter dem Durchschnitt liegen.
- Bei der beruflichen Bildungsleiter geht es um Titel (weitere Leiter), Auslandsaufenthalte (weitere Leiter), Berufsjahre (weitere Leiter), welche Sprachen fließend gesprochen werden (weitere Leiter) und vieles mehr.

Wie sieht es mit der Motivation dieser Menschen aus, deren Denken, Fühlen und Handeln ganz klar wettbewerbsorientiert ist? Nun, sie haben immer die nächste Sprosse im Blick. Doch glauben Sie bitte nicht, dass diese Menschen wirklich zufrieden sind, wenn sie nach »oben«, sprich eine oder zwei Sprossen höher, gekommen sind. Nein, der Wettkampf, das Wettrennen geht weiter, und die Angst vor dem Zurückfallen auf frühere Sprossenstufen ist immer mit dabei.

Puh, das ist ganz schön starker Tobak! Wer gibt schon gerne zu, dass er selbst mit senkrecht stehenden Leitern unterwegs ist? Bei mir war das ähnlich, als ich zum ersten Mal von diesem Modell gehört habe. Der Grund liegt auf der Hand. Es fühlt sich einfach so verdammt normal an. Doch ich gehe davon aus, dass Sie wirklich wissen wollen, wieso Sie heute so ticken, wie Sie ticken, und warum andere Menschen ähnlich oder so ganz anders ticken als Sie. Schauen wir daher noch etwas genauer hin:

Was haben Menschen gemeinsam, deren Leiter senkrecht steht?

- Sie machen ihr Selbstwertgefühl davon abhängig, ob sie »Erfolg« haben, sprich: ob sie eine Sprosse höher kommen oder nicht.
- Sie sind fest davon überzeugt, nur dann ein wertvoller und wichtiger Mensch zu sein, wenn sie auf allen Leitern, die sie aufgestellt haben, erfolgreich sind.
- Sie glauben, dass sie ihren Platz in der Menschengemeinschaft verlieren und nichts mehr wert sind, wenn sie es nicht schaffen sollten, auf ihrer Leiter nach oben zu kommen.
- Sie fürchten sich davor »zurückzufallen« – und wenn es nur eine einzige Sprosse nach unten wäre. Der angestammte Platz muss zumindest verteidigt werden.

Es hat bei mir eine ganze Weile gedauert, bis ich die Tragweite, den Preis erkannt habe, den ich zahle, wenn ich mit senkrechten Leitern unterwegs bin. Auch ich dachte viele Jahre, dass es ganz normal ist, so zu denken, zu fühlen und zu handeln. Ich weiß auch, welche Autoritäten in meiner Kindheit daran beteiligt waren, dass ich auch heute noch mit einigen inneren Leitern durch die Welt spaziere. Doch es werden immer weniger und vor allem: Der offene und neugierige Blick in meine Psycho-Logik hilft mir, noch senkrecht stehende Leitern immer schneller als solche zu erkennen. Ich weiß inzwischen, was mich dieses Leben im Vergleich, das Wettbewerb-Denken, kostet, welch hohen Preis ich dafür bezahle und dass es auch anders geht.

Doch senkrecht stehende Leitern haben nicht nur ihren Preis, sondern einen nicht zu unterschätzenden Gewinn. Wer die Sprossen hochklettert, wird von anderen bewundert, bekommt Anerkennung, manchmal natürlich auch Neid und Missgunst zu spüren. Doch bei mir in der Praxis sitzen häufig Menschen, denen es finanziell gut geht, die Geld, Macht, Status und Ansehen haben, doch innerlich ängstlich und angespannt sind, sich hilflos und ohnmächtig fühlen. Den Grund kennen Sie nur zu gut: Es ist die eigene Psycho-Logik! (Wie Sie lernen, die Leiter waagrecht zu stellen, erfahren Sie in Kapitel 4.)

Niemand steht immer auf der senkrechten Leiter! Darum gibt es auch in Ihrem Leben Vorgesetzte, Familienmitglieder, gute Freunde, Arbeitskollegen, Nachbarn, … mit denen alles rundläuft. Sie fühlen sich wohl, treffen gerne zusammen und helfen sich aus. Selbst wenn es mal zu Differenzen oder Missstimmungen kommt: Oft drücken wir ein Auge zu oder können sachlich sagen »Hey, das ist jetzt nicht der Bringer« – und dann ist der Konflikt beigelegt. Doch wehe, es geht ans Eingemachte: unseren Selbstwert, unsere Bedürfnisse und das, was uns wichtig ist. Dann stellen wir die Leiter senkrecht, und es kommt eine Kettenreaktion in Gang:

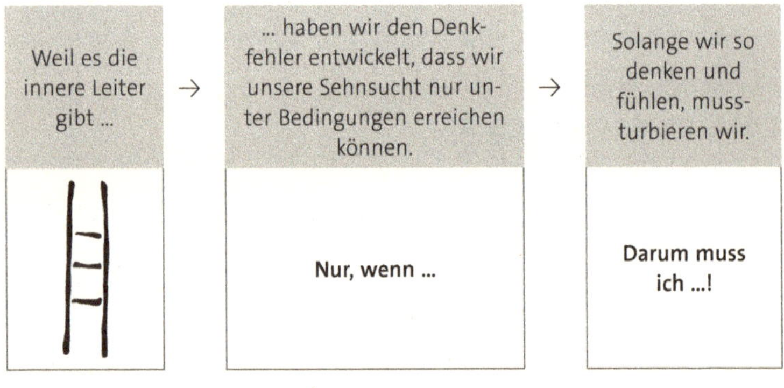

Unser Kardinalfehler: Bedingungen, die wir an uns selbst stellen

Erinnern Sie sich an meine Worte ganz am Anfang? Es ging um die menschlichen Grundbedürfnisse, um das, was jeder Mensch sucht und braucht wie die Luft zum Atmen. Für Individualpsychologen sind diese Grundbedürfnisse gleichzeitig die Motive, die Ziele, mit denen sich menschliches Verhalten erklären lässt. Alles, was wir tun, tun wir mit dieser Folie im Hintergrund. Wir wollen uns zugehörig fühlen, unsere

Fähigkeiten entfalten, einen Unterschied machen und mutig sein. Das sind unsere Triebfedern, die Motive, die uns von der Geburt bis zum Tod begleiten. Klingt eigentlich ganz einfach und irgendwie logisch, oder? Und es würde auch klappen, wenn … ja wenn Eltern, Erzieher, Lehrer, Führungskräfte und Chefs dieses Wissen über menschliche Motivation hätten und dementsprechend handeln würden. Wenn sie daran glauben könnten, dass Kinder bereits motiviert auf die Welt kommen und das als Erwachsene immer noch sind.

Doch wir wurden erzogen von Menschen, die dieses Wissen nicht hatten. Das ist die Erklärung – nicht die Entschuldigung –, dass Sie, dass ich, dass die meisten von uns gelernt haben, dass bestimmte Bedingungen erfüllt sein müssen, damit wir dazugehören, dass man uns mag, uns ernst und wichtig nimmt, an uns und unsere Fähigkeiten glaubt.

Doch wir waren von Anfang an beteiligt an diesem Prozess. In unserem Denkspeicher gibt es seit Kindheitstagen eine Datei, in der unsere »Nur-wenn-Sätze« abgespeichert sind. Diese, von uns selbst er- oder gefundenen, Bedingungen lösen unsere Ängste aus, die uns immer wieder mal in den zwischenmenschlichen Not-Modus bringen. Wir haben Strategien entwickelt, die schnell und automatisch ablaufen, wenn wir glauben, dass unser Selbstwert, unser Ich in Gefahr ist.

Menschen mit einem hohen Selbstwertgefühl wissen, dass sie, einfach weil es sie gibt, w. w. l. sind: wichtig – wertvoll – liebenswert. Wie ist das gerade bei Ihnen? Können Sie in den Spiegel schauen und sich selbst zurufen: Ja, ich bin wichtig, wertvoll, liebenswert? Probieren Sie es doch gleich mal aus und warten Sie auf die gefühlsmäßige Rückmeldung Ihres Körpers. Sie sehen sofort, ob Ihr Körper Ihnen das abnimmt und innerlich Ja dazu sagt. Sie sehen im Spiegel auch das Nein, das nehme ich dir nicht ab, oder das Hä? im Sinne von: Meinst du das wirklich ernst?

Ich gehe davon aus, dass Sie kein bedingungsloses JA, ich bin w. w. l., hinbekommen haben, und das ist völlig normal. Sie hätten sich nicht dieses Buch gekauft, wenn alles im grünen Bereich wäre, doch Sie möchten etwas verändern, d. h., Sie haben ein Ziel, sind motiviert, eine zwischenmenschliche Beziehung zu verbessern. Deshalb machen wir uns nun gemeinsam auf die Suche nach Ihren »Nur-wenn-Bedingungen«, die seit Kindheitstagen in Ihrer privaten Logik abgespeichert sind, die unerkannt im Hintergrund laufen und Sie roboterartig immer wieder gleich reagieren lassen.

Bitte nehmen Sie sich eine ruhige halbe Stunde und vervollständigen Sie schriftlich die folgenden Sätze. Nennen Sie pro Satz so viele Bedingungen, wie Ihnen einfallen, diese werden vielfältig ausfallen. Das wird jetzt vielleicht etwas schmerzhaft. Doch genau diese Bedingungen, die innerlich wirken, setzten den bisherigen Mechanismus in Gang. Darum seien Sie bitte ehrlich zu sich und notieren Sie auch, was Ihnen schwerfällt oder was Sie als Erwachsene am liebsten abtun wollen. Zur Inspiration sehen Sie eine Auswahl typischer Antworten, die meine Klienten geben:

- Ich, [Ihr Name], fühle mich als Mensch nur wichtig, im Sinne von gesehen und ernst genommen, wenn ...
- Ich, [Ihr Name], bin nur liebenswert, wenn ...
- Ich, [Ihr Name], bin nur bedeutend / etwas Besonderes, wenn ...
- Ich, [Ihr Name], gehöre dazu / habe einen Platz, wenn ...

Nur, wenn ...	
... ich besser bin als andere. ... ich erfolgreicher bin als andere. ... ich mehr leiste als andere. ... ich lieb und brav bin. ... ich mehr Wissen habe als andere, ihnen überlegen bin. ... ich moralisch einwandfrei, ohne Tadel bin, eine weiße Weste habe. ... die anderen mich mögen und nett finden. ... ich die Aufmerksamkeit auf mich ziehen kann, Applaus bekomme. ... ich ein guter Junge/ein gutes Mädchen bin. ... ich die anderen dazu bringen kann, dass sie das tun, was ich möchte.	... ich stärker bin als die anderen. ... ich die anderen besiege, sie in die Knie zwinge. ... ich recht habe/beweisen kann, dass ich im Recht bin. ... ich alles besser weiß als die anderen. ... ich besonders schwach und kränklich bin. ... die anderen sich große Sorgen um mich machen. ... ich niemandem zur Last falle. ... ich mich bedeckt halte, im Hintergrund bleibe und genau beobachte. ... ich attraktiv, zumindest attraktiver als andere bin.

Die Reihe ließe sich endlos fortsetzen, das hier ist nur eine kleine Auswahl an »Nur-wenn-Sätzen«, die mir häufig begegnen. Sicherlich haben Sie den gemeinsamen Nenner der Aussagen bereits gefunden:

Damit ich mich gut fühlen kann, brauche ich eine andere Person, der es schlecht geht, zumindest schlechter als mir.

Wie gerne würde ich Ihre Antworten jetzt hören oder erfahren, welche Bedingungen in Ihrer privaten Logik enthalten sind. Meinen Klienten sage ich nach dieser Übung: »Danke für den Einblick, den Sie mir gewährt haben in Ihre private Logik. Ich kann jetzt sehr gut nachvollziehen, dass diese Bedingungen, die Sie an sich selbst stellen, das eigentliche Problem sind. Hätte ich diese Bedingungen auch in meinem Kopf, ginge es mir genauso, wie es Ihnen gerade geht.« Ja, Sie lesen richtig. Hätte ich Ihre private Logik, hätte ich die gleichen Probleme wie Sie. Ich hätte als Kind die gleichen Denkfehler gemacht, hätte Situationen genauso fehlinterpretiert wie Sie, würde mich heute mit genau den gleichen Problemen herumschlagen wie Sie. Doch ich habe meine und Sie haben Ihre private Logik. Und das ist auch gut so, sonst wäre das Leben ja fad und langweilig. Ups, das war jetzt ein Satz aus meiner privaten Logik, weil ich persönlich nichts spannender finde als Menschen. Doch das hat mit mir und meiner Geschichte zu tun. Sie würden den Satz: »Es gibt für mich nichts Spannenderes als …« wahrscheinlich anders weiterführen.

Wir alle haben solche »Nur-wenn-Bedingungen« in unserer privaten Logik eingebaut, man kann fast sagen einbetoniert. Die Arbeit daran ist einem Sprengvorgang sehr ähnlich. Im Verlauf des Buches zeige ich Ihnen, wie Sie diese Bedingungen aus Kindheitstagen überschreiben und neu abspeichern können. Sie werden damit zwar kein anderer Mensch, doch es winkt ein angst-, stress- und druckfreieres Leben ohne Macht-Wippen-Alarm. Wieso ich mir da so sicher bin? Nun, weil Sie jetzt über 18 Jahre alt sind und Sie sich selbst weitererziehen, weiterentwickeln dürfen.

Ihr Supercomputer, der Ihr ganzes Leben lang schon Erinnerungen, Überzeugungen und Strategien gespeichert hat, holt nicht nur blitzschnell in den Vordergrund, was gerade relevant scheint – er interpretiert und bewertet auch ständig, was die dazupassenden Gefühle auslöst, und zwar schneller, als Sie mit dem Finger schnippen können.

Von Geburt an hat Ihr Körper über die Nervenzellen Impulse zu Ihrer Datenzentrale weitergeleitet, und diese wurden gefiltert in angenehm/unangenehm. Deshalb brauchen Sie heute auch nur wenige Sekunden, um sagen zu können, das riecht angenehm oder unangenehm für mich. Beim Riechen stimmen Sie mir sicherlich zu, dass Ihre Bewertung nicht mit der eines anderen Menschen übereinstimmen muss, oder? Genau dieses Prinzip, dass Sie, dass ich, dass jeder von uns Situationen und Menschen anders beurteilt als andere, das macht die Sache mit den Gefühlen so kompliziert. Sie haben ein Recht auf Ihr Gefühl, Sie brauchen Gefühle, um handlungsfähig zu bleiben, und einem Menschen Gefühle auszureden im Sinne von »*Stell dich nicht so an!*« oder »*Du hast gar keinen Grund, wütend zu sein!*« geht meiner Meinung nach gar nicht. Gefühle gehören zu uns wie das Atmen, beides ist menschlich, gehört zum Leben dazu.

Mit zunehmendem Alter konnten wir unsere Gefühle stärker differenzieren, haben neue Erfahrungen gemacht, der Ordner *unangenehm* wurde erweitert mit Dateien wie:

Panik, Entsetzen, Ekel, Frust, Ärger, Hass, Traurigkeit, ausgeliefert sein, dicken Hals haben, Schiss haben, etwas auf dem Herzen haben, Brett vorm Kopf, an die Nieren gehen, etwas liegt im Magen, rotsehen, verschnupft sein, gekränkt sein, …

Der Ordner *angenehm* erweiterte sich um Dateinamen wie:

Glück, Zufriedenheit, Freude, Zugehörigkeit, Geborgenheit, Liebe, Frieden, Harmonie, Schmetterlinge im Bauch, Fels in der Brandung, im 7. Himmel sein, vor Freude platzen, Welt umarmen, rosarote Brille, wichtiges Glied in der Kette … und viele andere mehr.

Da die Bewertung auf unserer ureigenen Psycho-Logik basiert, lösen bestimmte Menschen bestimmte Gefühle in uns aus. Mitunter ganz und gar nicht rational:

Sicherlich sind Sie in Ihrem Leben schon mal Fremden begegnet, deren Art, Mimik, Sprechweise oder Statur Sie an jemand anderes erinnert. Der Kellner im Restaurant, der genauso klingt wie jemand, den Sie furchtbar finden. Die Nachbarin, die die Zwillingsschwester Ihrer geliebten Oma sein könnte. Sogar wenn wir die andere Person noch gar nicht näher kennen, lösen sie automatisch Bewertungen und Gefühle aus. Und das, was da ausgelöst wird, führt zu einer Kettenreaktion: Denn jetzt verhalten wir uns natürlich entsprechend.

Sogar Namen werden in unserer Psycho-Datenbank bei den angenehmen oder unangenehmen Gefühlen gespeichert! Ein persönliches Beispiel. Meine erste große Liebe hieß Peter. In meiner privaten Logik gibt es also die Datei »Peter«, und sie ist mit einem angenehmen Gefühl codiert. Wann immer mir ein weiterer Peter über den Weg läuft, hat er, gemäß meiner privaten Logik, einen Bonus. Nun kenne ich inzwischen vier Männer, die Peter heißen, und ausnahmslos alle sind bei mir mit angenehmen Gefühlen verbunden. Das kann natürlich Zufall sein, doch fragen Sie mal Erzieher oder Lehrer, wie schwer es ihnen fällt, für das eigene Kind einen passenden Namen auszusuchen. Da fallen ganz viele Jungs- und Mädchennamen durchs Raster, weil die private Logik sagt: Nein, das geht nicht, mit diesem Namen sind unangenehme Gefühle verbunden. Um bei meinem Peter-Beispiel zu bleiben: Wäre mir ein Peter begegnet, den meine private Logik in die Rubrik »unangenehm« hätte einsortieren sollen, dann wäre er in die Datei »Ausnahmen von der Regel« geschoben worden. Wieso arbeitet unsere Psycho-Logik so, höre ich Sie fragen? Nun, unsere Gedankenmaschine will weiterhin effektiv und effizient arbeiten, daher soll weiterhin die Regel gelten: Peter = angenehm.

Unsere Gedanken, unsere Vorstellungsbilder beeinflussen unsere Gefühle. Wir alle haben quasi ein Dauerkino im Kopf, gespeist von unseren Gedanken, unseren Ahnungen, Vorahnungen und unserem intuitiven Wissen. Da ist enorm viel los in dieser Gedankenmaschine, deren erklärtes Ziel es ist, unangenehme oder angenehme Gefühle in uns auszulösen. Wir brauchen sie, um handeln zu können, Gefühle stellen uns die dazu notwendige Energie zur Verfügung. Doch bevor sie da sind, passiert etwas ganz Entscheidendes: Je unangenehmer die Situation mit der Autorität, je heftiger die Gefühle, desto schneller schnappt Ihre Wenn-dann-Falle zu. Sie sind überzeugt, dass Sie nur so und nicht anders denken, fühlen und handeln können.

»*IT-Fachmann Markus ist sehr sorgfältig und legt großen Wert darauf, alles genau zu prüfen, bevor er den nächsten Schritt macht:* ***Lieber machen wir es gleich richtig, als hinterher ständig Ärger mit dem Kunden zu haben und aufwendig Probleme lösen zu müssen!*** *Darum ist er beim Terminieren von Projekten eher konservativ, weil er realistisch einplant, was auf der technischen Seite alles zu prüfen, programmieren und zu testen ist. Der Vertriebsleiter hingegen verspricht den Kunden das Blaue vom Himmel, denn aus seiner Sicht sind Aufträge vor allem zeitsensitiv:* ***Wer kurze Termine nicht einhält, bekommt eben den Zuschlag nicht.*** *Markus solle sich nicht so haben und ein wenig auf die Tube drücken. Außerdem ist es ja nicht so tragisch, wenn wir uns verspäten beim Abliefern: Lieber entschuldigen, als gar nicht erst zum Zug zu kommen.*
Markus findet das eine unheimliche Schluderei, professionelles Arbeiten sieht anders aus! Er lässt sich ganz sicher nicht von diesem Vertriebler vorschreiben, bis wann er was zu tun hat, erst recht nicht, wenn die Qualität der Arbeit zwangsläufig darunter leidet. Immerhin geht es auch um seinen guten Ruf.
Darum ignoriert er Deadlines, stellt sich quer, betont die fachlichen Versäumnisse und Denkfehler des Vertrieblers, führt ihn in Meetings und vor dem Chef vor, bringt ihn – ganz souverän – in Erklärungsnot.
Schauen wir hinter die professionelle Kulisse, treibt Markus die Angst an, als unfähig und inkompetent dazustehen. Die Kontrolle über seinen Arbeitsbereich zu verlieren, sich von anderen die Freiheit einschränken zu lassen, löst Wut und Ärger aus.
Je mehr der Vertrieb drückt, desto größer werden die unangenehmen Gefühle, die sich immer weiter aufbauschen – denn mit jedem Auf-

trag, mit jeder weiteren Diskussion wird das Problem heftiger. Alles führt in blöde Diskussionen, raubt Zeit, langsam aber sicher regt ihn das praktisch nonstop auf, auch abends und am Wochenende. Markus bekommt langsam aber sicher einen Hass … ***so kann und will ich nicht arbeiten!***

Ganz bestimmt kennen Sie dieses Reinsteigern nur zu gut. Die Situation wird zu einer Spirale – und je mehr unser Selbstwert bedroht wird, desto stärker rutschen wir in unsere Automatismen. Der bekannte amerikanische Psychologe Albert Ellis nennt das »muss-turbieren«. Wir glauben dann tatsächlich, dass wir nur so und nicht anders mehr handeln können. Wir steigern selbst die Dosis, glauben z. B., *noch mehr* kontrollieren zu müssen.

2.3 Warum wir manchmal ein Chamäleon, Adler, Löwe oder eine Schildkröte sind

Sie wissen selbst, dass Sie nicht immer und überall die gleiche Person »sind«: Wir verhalten uns bei der Arbeit anders als beim Partner oder in der Freizeit. Manchmal merken wir, dass wir überreagieren, wir kennen uns mitunter selbst nicht wieder, verstehen nicht, wieso wir in einer Situation so aus der Fassung geraten konnten.

Unsere private Logik wird also erweitert um »In Bezug auf diese Person, auf diesen Menschen bin ich, fühle ich mich«:

klein, groß, schwach, stark, unterlegen, überlegen, unsicher, sicher, irritiert, frustriert, geborgen, aggressiv, liebevoll, sauer, hilfsbereit, zornig, kreativ, ärgerlich, vorsichtig, angstfrei, ambivalent, ausgeglichen, rebellisch, friedlich, …

Oder, in Bildern gesprochen: stellen sich mir die Nackenhaare, fühle ich mich zu Hause, habe ich eine Stinkwut, geht für mich die Sonne auf, bin ich hin- und hergerissen, sprühe ich vor Ideen, ziehe ich den Schwanz ein, spüre ich inneren Frieden, ducke ich mich weg, stehe ich innerlich stramm, sehe ich Licht am Ende des Tunnels, sehe ich rot, geht mir das Messer im Sack auf, steht die Zeit für mich still, bin ich bis zum Anschlag gespannt, …

Sie sehen – je nachdem, wen Sie sich gerade vorgestellt haben, zu wem Sie in Beziehung getreten sind, geht jetzt eine Menge in Ihnen ab. Ganz bewusst habe ich Ihnen eine Auswahl positiver und negativer Gedankenbilder und Gefühle vorgestellt. Ich wollte deutlich machen, dass jedes Gegenüber in uns ein komplexes Feuerwerk an Denk-, Gefühls- und Handlungsmuster auslösen oder triggern kann. Ich sage deshalb manchmal flapsig: »Ohne die anderen hätten wir keine Probleme – doch wir wüssten auch nicht, wer wir sind.« Natürlich ist jeder von uns einzigartig und unverwechselbar wie sein Fingerabdruck, doch mit manchen Menschen verstehen wir uns auf Anhieb, und andere lösen eher eine Antipathie in uns aus. Warum das so ist? Nun, es liegt daran, dass Menschen trotz aller Einzigartigkeit auch ähnliche Eigenschaften, Wünsche und Motive haben. Diese Grundrichtungen der Persönlichkeit lassen sich in vier Gruppen einteilen, die ich Ihnen gerne vorstellen möchte. Das Konzept wurde bereits in den 70er-Jahren von der israelischen Individualpsychologin Nira Kfir vorgestellt und immer weiterentwickelt. Ich verwende gerne die Tiermetaphern von John Taylor und bin sicher, auch Sie erkennen sich in einem oder in allen vier Tieren wieder.

Adler, Chamäleon, Löwe, Schildkröte haben alle großartige Qualitäten und Stärken! Keines davon ist besser oder schlechter, da alle Eigenschaften zutiefst menschlich sind. Das ICH BIN hängt immer auch vom Gegenüber ab. Es ist daher wahrscheinlich, dass Sie sich in mehreren Typen wiederfinden oder eine persönliche Rangordnung (1–4) haben. Heute beleuchten wir die vier Typen speziell im Hinblick auf Autoritätsprobleme. Es ist also nur ein kleiner Ausschnitt aus unseren vielfältigen Denk-, Gefühls- und Verhaltenstendenzen. Bestimmt erkennen Sie auch direkt Menschen aus Ihrem Umfeld wieder, auch das ist großartig. Wenn wir verstehen, entwickeln wir auch mehr Verständnis. Für uns. Und für andere.

2.4 DER LÖWE – Idealist und Visionär

Oder: Die Autorität ist mein Feind!

Sein Motto: Allzeit bereit!

Der Löwe ist ein Anführer, das Oberhaupt des Rudels. Die anderen hören auf ihn, was er sagt, hat Gewicht. Wenn Sie zu den Löwen gehören, sind Sie ein Macher: *Es gibt immer was zu tun, zu verändern, zu verbessern.*

Schwierige, negative Tendenzen/Aspekte/Eigenschaften

- Da es ihm wichtig ist, etwas zu gelten, neigt er mitunter dazu, andere ab- und sich aufzuwerten (das kann auch subtil passieren und ihm gar nicht bewusst sein).
- Er tendiert dazu, anderen oder den Umständen die Schuld zu geben.
- Er fühlt sich schnell provoziert, greift an oder »schlägt zurück«, denn er will »oben« sein. Das kann laut passieren (andere anschreien) oder passiv-aggressiv mit Rachegedanken.
- Er will bewundert werden, steht gern im Mittelpunkt, will gewinnen. Dafür nimmt er auch Überlastung in Kauf.
- Er denkt in Kategorien: Schwarz/Weiß, oben/unten, Freund/Feind.

Angenehme, positive Tendenzen/Aspekte/Eigenschaften

- ist engagiert und leistungsstark
- gewinnend und begeisternd
- hat überzeugende Argumente
- nimmt Risiken in Kauf
- macht gern das Unmögliche möglich (»Das schaffen wir! Geht nicht gibt's nicht!«)

Seine Sehnsucht: Der Löwe braucht das Gefühl, dass er einen Unterschied macht, aus der Masse herausragt. Er will Bedeutung haben, als Person gesehen und ernst genommen werden. Er unternimmt viel und strengt sich an, damit seine Ziele und Ideale Wirklichkeit werden.

Seine Angst: Bedeutungslos und damit wertlos zu sein, will nicht verletzt oder enttäuscht werden, nicht traurig, nicht hilflos sein.

Im Umgang mit Autoritäten …

… wird es für ihn schnell persönlich, wenn der andere gefühlt über ihm steht. Das verletzt seinen Selbstwert und führt fast schon zwangsläufig zum Angriff. Der Löwe ist kampferprobt, er hat viele Strategien parat, um der Autorität das Leben schwer zu machen. Dabei schießt er manchmal über das Ziel hinaus, hinterlässt verbrannte Erde, doch man wird sich an ihn erinnern.

Die Folge: Der andere ist mein Rivale, Konkurrent und Feind!

Typische Handlungsmuster

Der Löwe ist allzeit kampfbereit. Er will gewinnen, die Situation bestimmen, steht jederzeit als Sparringspartner zur Verfügung. Hat er einen Kampf verloren, bereitet er den nächsten schon vor. Der Löwe ist ein schlechter Verlierer, das letzte Wort zu haben, ist ihm wichtig. Er hat ein hohes Maß an Energie, lebt für seine Ideale, hat ständig Verbesserungsideen parat, dreht viele Teller. Seine hohe Leistungsbereitschaft, sein Wichtig- und Unersetzlichsein hat allerdings seinen Preis. Der Löwe ist in Gefahr auszubrennen, Burnout zu entwickeln.

Dennoch kann er nur schlecht loslassen. Sein Denken kreist um: Für mich – gegen mich, Freund oder Feind. Autoritäten werden vorschnell abgewertet, erhalten wenig Mitsprache.

Die Trigger des Löwen

- wenn er sich unterlegen fühlt, wenn er klein beigeben muss
- wenn er sich degradiert fühlt, ihm 08/15-Aufgaben übertragen werden
- wenn seine Ideen, Gedanken, Pläne nicht auf Gegenliebe stoßen, abgelehnt werden

- wenn ein anderer Löwe sein Territorium betritt, Ansprüche erhebt und ähnlich unterwegs ist wie er selbst
- wenn er sich unfair behandelt fühlt

Sein Automatismus

Ich muss ...	Ich darf nicht ...
• Profil zeigen und mich beweisen • für meine Ideale kämpfen, ohne Rücksicht auf Verluste • zeigen, dass ich der Stärkere bin	• klein beigeben, schwach rüberkommen • zulassen, dass andere gewinnen • zeigen, wenn mich etwas trifft

Der Löwe hat große Angst, durchschnittlich und damit einer unter vielen zu sein. Er sucht den Kampf, wenn er Zweifel am eigenen Wert hat. Es ist sein Versuch, bei anderen Menschen Bedeutung zu bekommen, von ihnen ernst und wichtig genommen zu werden. Er ist ein Dominanz-Typ, der gerne Machtkämpfe anzettelt und auf der Macht-Wippe kräftig mitmischt.

Bitte ankreuzen:

☐ Das kommt mir bekannt vor! Ich bin eindeutig ein Löwe.

☐ Ein reinrassiger Löwe bin ich nicht, in einigen Aspekten erkenne ich mich.

2.5 DAS CHAMÄLEON – Sonnenschein und Everybody's Darling

Oder: Die Autorität soll mich mögen und nett finden

Sein Motto: Alles ist (oder wird) gut!

Das Chamäleon wechselt die Farben passend zur Umgebung. Wenn Sie ein Chamäleon sind, ist es Ihnen wichtig, dass es allen gut geht miteinander. Damit das gelingt, strengen Sie sich richtig an, dafür stellen Sie Ihre eigenen Bedürfnisse – und Ansichten – gerne hintenan. *Es soll uns allen gut gehen.*

Schwierige, negative Tendenzen / Aspekte / Eigenschaften

- Es will Harmonie um jeden Preis, entschuldigt alles und jeden, widerspricht nur ganz selten, ist wie ein Fähnchen im Wind.
- Es sucht und braucht viel Bestätigung, Anerkennung und positives Feedback von andern, kann nur schlecht mit Kritik umgehen.
- Es macht sich unersetzlich, opfert sich auf, erwartet dafür aber Dankbarkeit, gibt ungefragt Ratschläge.
- Es gibt sich selbst die Schuld, wenn etwas schiefgeht, macht anderen aber auch gerne ein schlechtes Gewissen.
- Es verfällt öfter mal in hilflosen Aktionismus, verzettelt sich.

Angenehme, positive Tendenzen / Aspekte / Eigenschaften

- guter Geist im Team (beruflich und privat), freundlich, nett, optimistisch, kontaktfreudig, ideenreich, gute Menschenkenntnis
- hat Antennen für Spannungen, wirkt ausgleichend, kann gut vermitteln, ist rücksichtsvoll und diplomatisch, offen für neue Ideen
- hat ein offenes Ohr für jeden, nimmt andere ernst, ist hilfsbereit und engagiert
- stellt sich schnell und flexibel auf neue Situationen ein, sieht, was der andere oder die Situation gerade braucht
- kann gut improvisieren, feiert gerne gemeinsam mit anderen

Seine Sehnsucht: Das Chamäleon braucht das Gefühl von Zugehörigkeit, die Verbindung zu anderen Menschen steht an erster Stelle. Es wechselt die Farbe, sprich: Es passt sich an, um geliebt und gemocht zu werden. Erst wenn es spannungsfrei und harmonisch zugeht, fühlt es sich sicher, geborgen und aufgehoben.

Seine Angst: Zurückgewiesen oder abgelehnt zu werden, isoliert und einsam zu sein, keinen Platz zu haben bei den anderen und in der Welt

Im Umgang mit Autoritäten ...

... will es immer alles richtig machen. Es hat für alles eine Erklärung oder Entschuldigung parat. Um nicht zurückgewiesen, abgelehnt und damit isoliert und einsam zu sein, haben sie viele Strategien entwickelt, dass man ihnen wohlwollend zuhört oder nach ihrer Meinung fragt.

Die Folge: Die Autorität muss mich mögen, mir wohlgesonnen sein!

Typische Handlungsmuster

Das Chamäleon hat feine Antennen entwickelt, wenn es respektlos, rücksichtslos und unfair zugeht zwischen den Menschen. Mit Stress, Streit, Zwietracht, Zurückweisung oder Ausgeschlossensein kommt es nicht gut zurecht.

Seine große Stärke ist die immense Anpassungsfähigkeit an die Umgebung. Das Chamäleon kann blitzschnell die Farben wechseln, um ja nicht versehentlich jemanden zu irritieren, zu nerven oder zu verärgern: Als Chamäleon gehen Sie immer wieder auf den anderen zu, lassen einiges mit sich machen, können vieles wegstecken und sind (zumindest nach außen) nicht nachtragend. Dieses zugeneigte, friedfertige Verhalten ist durchaus dazu gedacht, beim anderen eine Art »Beißhemmung« auszulösen, denn wer will schon absichtlich gemein sein, wenn das Gegenüber es doch nur gut meint.

Die Trigger des Chamäleons

- wenn es selbst oder andere abgelehnt, zurückgewiesen, zum schwarzen Schaf gemacht wird

- wenn es links liegen gelassen wird, Liebesentzug droht oder eingesetzt wird
- wenn getuschelt oder hintenrum geredet wird
- wenn schlechte Stimmung, Spannung und Disharmonie im Raum sind
- wenn es keine Anerkennung, keinen Dank für seinen Einsatz bekommt

Sein Automatismus

Ich muss …	Ich darf nicht …
• immer freundlich, lieb, nett, hilfsbereit und tolerant sein • unbedingt wissen, was die anderen von mir denken und wollen • für gute, harmonische Stimmung sorgen	• unangenehm auffallen, aus dem Rahmen fallen • andere wütend, ärgerlich auf mich machen • nur an mich denken, egoistisch oder rücksichtslos sein

Das Chamäleon braucht das Gefühl, von anderen geliebt und gemocht zu werden. Droht hier Gefahr, wird seine Angst vor Einsamkeit und Isolation alle Hebel in Bewegung setzen, damit bald wieder Harmonie und Frieden herrschen. Es schwenkt schon im Vorfeld die weiße Fahne und lässt sich nur ungern auf die Macht-Wippe ein.

Bitte ankreuzen:

☐ Das kommt mir bekannt vor! Ich bin eindeutig ein Chamäleon.

☐ Ein reinrassiges Chamäleon bin ich nicht, in einigen Aspekten erkenne ich mich.

2.6 DIE SCHILDKRÖTE – Stress-Ausgleicher und Ästhet

Oder: Die Autorität kann mich mal!

Ihr Motto: Leben und leben lassen. Ohne Druck geht's auch!

Die Schildkröte lässt sich gerne Zeit, hat ihr eigenes Tempo. Wenn Sie eine Schildkröte sind, können Sie sich gut mit sich selbst beschäftigen. Sie vermeiden Stress, wo immer es geht, und haben einen Sinn für die schönen und angenehmen Dinge des Lebens. *Immer mit der Ruhe. Nichts wird so heiß gegessen, wie es gekocht wird.*

Schwierige, negative Tendenzen / Aspekte / Eigenschaften

- Sie spannt andere vor ihren Karren, lässt sich bedienen, ist wenig produktiv, zeigt eine stoische Ruhe, gibt sich betont lässig.
- Sie trifft ungern Entscheidungen, reagiert allergisch auf Druck, vermeidet Hektik, zieht sich zurück, gibt vorschnell auf.
- Sie kommt häufig zu spät, schiebt Dinge vor sich her, entwickelt unter Belastung psychosomatische Krankheiten.
- Sie sucht und findet den kurzfristigen Kick, belohnt sich gerne selbst mit materiellen Dingen.
- Sie blockiert, wird zum Trotzkopf im Sinne von: Jetzt erst recht (nicht).

Angenehme, positive Tendenzen / Aspekte / Eigenschaften

- kann gut zwischen den Zeilen lesen, hat ein offenes Ohr für jeden, bei ihr kann man Dampf ablassen
- nimmt nicht alles gleich persönlich, ist tolerant, ausgeglichen, unbekümmert, diplomatisch und friedliebend
- ist genügsam, braucht wenig, geht autonom durchs Leben, mit einem ausgeprägten Sinn für alles Schöne und Angenehme
- strahlt Lebensfreude und Optimismus aus, lädt andere gerne zum Mit-Genießen ein
- vertieft sich gerne in eine Sache und hat Spaß an Detailarbeit

Ihre Sehnsucht: Die Schildkröte möchte gerne robust, mutig und belastbar sein. Aus Erfahrung weiß sie allerdings, dass sie mit den anderen nicht mithalten kann, geschweige denn deren Ansprüchen genügen wird. Ist ihr Selbstwert in Gefahr, gibt ihr der Panzer die nötige Sicherheit.

Ihre Angst: Ungenügend und inkompetent zu sein, etwas falsch zu machen, hilflos, ohnmächtig und ausgeliefert zu sein.

Im Umgang mit Autoritäten …

… reagieren Schildkröten schnell gereizt und unwirsch. Sie wollen nichts falsch machen, daher machen sie lieber gar nichts, ziehen sich unter den Panzer zurück und lassen die Autorität ins Leere laufen.

Die Folge: Die Autorität soll mich in Ruhe lassen oder es gefälligst selber machen!

Typische Handlungsmuster

Die Schildkröte taucht gerne ab, ist eigenbrötlerisch, schaut »von unten heraus« zu. Nimmt sie sich etwas vor – oder übernimmt sie eine Aufgabe, hat sie oft das Gefühl, dass sie es nicht allein schafft, sondern Hilfe braucht (ewig recherchieren nach gesicherten Informationen oder wie es andere machen). Sie ist überzeugt, dass die anderen alles besser können als sie selbst, daher übernimmt sie nur ungern Verantwortung.

Ihr Interesse liegt im Leben selbst. Sie kann mit allen Sinnen genießen, ist kulturell interessiert, hat Geschmack, ist belesen und gebildet. Sie konzentriert sich gerne auf ein Gebiet und wird hier zum vielgefragten Kenner.

Die Schildkröte ist druckresistent, redet wenig (außer über ihr Spezialgebiet), wartet lieber ab oder blockt. Mit diesem Verhalten bringt sie ihr Gegenüber zur Weißglut, in die Ohnmacht oder an den Rand der Verzweiflung.

Die Trigger der Schildkröte

- wenn man sie vor Tatsachen stellt, sie unter Druck setzt, ihr mit Regeln und Vorschriften kommt
- wenn sie die alleinige Verantwortung tragen, sie schwerwiegende Entscheidungen treffen soll
- wenn man ihre Autonomie und Freiheit einschränkt, sie unter Beobachtung stellt, sie Ergebnisse mit Deadline liefern muss
- wenn man sich lustig über ihr Lebensmodell macht, sie als blöd, dumm oder faul hinstellt
- wenn man nichts mit ihr zu tun haben will, weil bei ihr ja nichts zu »holen« ist

Ihr Automatismus

Ich muss ...	Ich darf nicht ...
• mich hilflos und dumm stellen • Verantwortung ablehnen, Druck vermeiden, mir Zeit lassen • das Leben mit allen Sinnen genießen	• große, schwierige Sachen anpacken • Erwartungen wecken, die ich dann nicht erfüllen kann • Fehler machen, inkompetent sein

Schildkröten haben innerlich oft hochfliegende Pläne, sie möchten gerne top sein, doch dann verlässt sie der Mut, sie bekommen es nicht auf die Reihe, ihr Plan wird zum Flop. Damit nicht auffällt, dass sie nicht viel von sich halten, lassen sie die Angriffe von außen an ihrem Panzer abprallen. Sie spielen den scheinbaren »Verlierer – Hoffnungsloser-Fall-Typ«, dessen Stärke der Rückzug ist.

Bitte ankreuzen:

☐ Das kommt mir bekannt vor! Ich bin eindeutig eine Schildkröte.

☐ Eine reinrassige Schildkröte bin ich nicht, in manchen Aspekten erkenne ich mich.

2.7 DER ADLER – Pragmatiker und Selbststarter
Oder: TÜV-Prüfer für Autoritäten

Sein Motto: Alles im Griff und alles im Blick!

Der Adler beobachtet die Welt aus der Distanz heraus. Wenn Sie ein Adler sind, analysieren Sie gerne und ziehen alles ins Kalkül: *Zahlen, Daten, Fakten first!* Gefühle haben wenig Platz, es kommt auf die Sache an – und auf Kompetenz.

Schwierige, negative Tendenzen / Aspekte / Eigenschaften

- Ordnung, Regeln und klare Verhältnisse sind ihm wichtiger als Beziehungen. Er nimmt in Kauf, dass er bei anderen als arrogant rüberkommt.
- Er legt sich gerne mal quer, ist aus Prinzip erst mal dagegen, lockt andere damit aus der Reserve.
- Er kontrolliert, sucht und findet immer den Fehler, das Haar in der Suppe, macht sich selbst und anderen Druck.
- Er erwartet Perfektion von sich und anderen, kann mit halben Sachen, unausgegorenen Ideen nicht umgehen.
- Sein Blick von oben, das Sammeln von Daten und Fakten wird im passenden Moment von ihm zum Angriff genutzt.

Angenehme, positive Tendenzen / Aspekte / Eigenschaften

- ist in seiner Arbeit effektiv mit Sinn für perfektes Timing
- hat immer einen klaren Überblick über »Wald + Bäume« und ist an guten Ergebnissen interessiert
- denkt und handelt sehr überlegt und vorausschauend, kennt die Tragweite und Konsequenz von Entscheidungen
- begründet seine Meinung sehr detailliert und fundiert, hat eine hohe Fachkompetenz, kommuniziert klar, deutlich und direkt
- vermittelt Sicherheit, man kann sich auf ihn und sein Wort verlassen, Loyalität ist ihm wichtig.

Seine Sehnsucht: Der Adler braucht das Gefühl von Freiheit, Selbstwirksamkeit und Sicherheit. Er will gestalten, schafft und braucht Struktur und einen klaren Rahmen, in dem er Freiräume hat. Verantwortung tragen fällt ihm leicht, darin kennt er sich aus, da er schon früh autonom, kompetent und selbstständig war bzw. sein musste.

Seine Angst: Zu versagen oder verlieren, als unfähig dazustehen, lächerlich gemacht zu werden, ausgeliefert zu sein.

Im Umgang mit Autoritäten …

… provoziert er gerne mal mit einem »Nein«, bringt die Gegenseite in Erklärungsnot. Für ihn ist es eine Art Test, ob die Autorität seinen Ansprüchen genügt oder nicht. Er kann abwarten, umkreist Situation und Sachlage von oben, bis er seinen wohldurchdachten Plan präsentiert. Er sucht wenig Nähe, bietet aber Schutz und Sicherheit an, wenn gewünscht. Für ihn müssen Autoritäten zuverlässig, kompetent und berechenbar sein, sonst kann und wird er sie nicht akzeptieren.

Die Folge: Die Autorität muss meiner Prüfung standhalten, meinen Kriterien, Ansprüchen und Erwartungen entsprechen.

Typische Handlungsmuster

Der Adler bewahrt einen kühlen Kopf, ist klar strukturiert, gut organisiert, man weiß, woran man bei ihm ist, doch er kann auch ein Pokerface aufsetzen und sich verstecken.

Er strebt nach Perfektion, erwartet das von sich und von anderen. Fehler machen oder zugeben müssen ist die Hölle, daher wird Disziplin bei ihm großgeschrieben. Er sammelt Informationen, checkt ab, ob es sich lohnt, in Kontakt zu treten oder nicht.

Auf andere wirkt er pingelig, manchmal auch zwanghaft und getrieben. Er hat eine tief sitzende Angst vor unberechenbaren Situationen und lebt mit der Vorstellung: *Ich verlasse mich am besten nur auf mich selbst, den anderen kann man nicht trauen.*

Die Trigger des Adlers

- wenn seine Freiheit eingeschränkt wird
- wenn er das Gefühl hat, nichts tun zu können / dürfen
- wenn ihm der Überblick verloren geht
- wenn Absprachen nicht eingehalten werden, Unerwartetes kommt
- wenn Fehler passieren oder vertuscht werden sollen

Sein Automatismus

Ich muss ...	Ich darf nicht ...
• unabhängig, autonom sein • die Kontrolle behalten • immer das Richtige tun, perfekt sein	• emotional, gefühlsduselig werden • aufdringlich sein, Nähe zulassen • mich auf andere verlassen

Der Adler hat Angst vor unberechenbaren Menschen und vor unvorhersehbaren Situationen. Er sucht daher die Sicherheit vor allem in sich selbst; mit seinem Streben nach Perfektion, nach Fehlerfreiheit versucht er, seine Angst in den Griff zu bekommen. Er ist ein Rechthabenwollen-Typ, der sich gerne auf Machtkämpfe einlässt oder andere dazu einlädt.

Bitte ankreuzen:

☐ Das kommt mir bekannt vor! Ich bin eindeutig ein Adler.

☐ Ein reinrassiger Adler bin ich nicht, in manchen Aspekten erkenne ich mich.

Gehe ich mit meinen Klienten die typischen Eigenschaften der Tiere durch, steht dieser Mensch, der mir gerade gegenübersitzt, natürlich im Vordergrund. Doch immer wieder höre ich Worte wie: Also der Typ, mit dem ich aktuell Probleme habe, das ist eindeutig ein Löwe, Adler, Chamäleon oder eine Schildkröte.

Darum lassen Sie uns nun einen Schritt weitergehen und uns Ihre Trigger ansehen, mit denen andere Menschen etwas auslösen in Ihrer privaten Logik.

2.8 Der Auslöseknopf – Alles beginnt mit einem Reiz, der uns reizt

Wieso reagieren Sie auf die gleiche Situation anders als Ihr Kollege, warum lässt Sie manches kalt, was Ihre Partnerin aufregt, und umgekehrt flippen Sie in manchen Situationen aus, bei denen diese nur die Achseln zuckt? – Die Antwort kennen Sie bereits: Es sind die verflixten Gefühle. Wir alle nehmen die Welt über unsere Sinne wahr. Meistens gehen wir durch den Alltag, ohne groß darauf zu achten. Doch immer, wenn besonders angenehme oder unangenehme Gefühle in uns getriggert werden, rückt das ins Zentrum unserer Aufmerksamkeit, und wir nehmen es bewusst wahr.

Es gibt die »logisch nachvollziehbaren Trigger«, das heißt: Hier geht es unserem Selbstwert an den Kragen, wir merken, dass wir die Leiter senkrecht gestellt haben. Bei den vier Tier-Typen konnten Sie nachlesen, was jeweils besonders triggert. Doch es gibt gemeinerweise auch noch weitere Trigger, die so gar nichts direkt mit Ihrem Gegenüber – und der aktuellen Situation – zu tun haben!

Stellen Sie sich vor, Sie sind gerade auf dem Nachhauseweg und denken an nichts Besonderes. Plötzlich steigt Ihnen der Geruch frisch gemähten Grases in die Nase! Schlagartig tauchen Bilder aus der Kindheit auf, an einen Urlaub auf dem Bauernhof oder an die Wiese hinterm Haus, wo Sie von früh bis abends draußen gespielt haben. Ein Lächeln breitet sich aus, Sie sind happy. Bei mir sind es Dampfnudeln bzw. der Geruch vom Dampfnudelteig, der mich daran erinnert, dass es diese oft freitags bei Oma gab. Die Vorstellung allein genügt schon, dass wieder dieses warme Gefühl in mir aufsteigt.

Genauso funktioniert das bei unangenehmen Gefühlen, etwa beim Thema »Autorität«:

- *Wenn wir die Person sehen,* springt das Auge an, meldet Impulse nach oben, die abgeglichen werden im Sinne von: Gab es schon mal Ähnlichkeiten bei Frisur, Haar- und Augenfarbe, Form von Augenbraue, Mund, Nase, Ohr, Augen, Hände, in Mimik und Gestik? Wenn ja, welche Erfahrungen und Erlebnisse sind dazu abgespeichert?
- *Spricht die Person,* wandelt unser Ohr die akustischen Wellen in Töne und Worte um, meldet auch diese ans Gehirn weiter. Wieder wird abgeglichen, ob es Ähnlichkeiten gibt in Bezug auf Inhalt, Wortwahl, Klangfarbe, »Untertöne«, Frequenz, Lautstärke, …
- *Gerüche haben Vorrang bei der Meldung nach oben,* da hier eines unserer ältesten Hirnareale anspringt. Der Grund: Es hat unseren Vorfahren das Leben gerettet, wenn sie Feuer rochen, daher haben Gerüche den schnellsten Draht nach oben. Vielleicht können Sie die Autorität tatsächlich nicht riechen, bzw. der Abgleich mit Ihrer privaten Logik lautet: unangenehmer Geruch, usw.

Sie sehen, mitunter werden Erinnerungen an eine frühere Autorität bei uns geweckt, und die Person, die vor uns steht, kann überhaupt nichts dafür. Sie sieht halt nur so aus, hat einen ähnlichen Körperbau oder bewegt sich so wie ein Mensch, den Sie früher mal kannten. Denken Sie an einen Ehekrach, der manchmal nur entsteht, weil der Tonfall oder das Augenbrauenhochziehen getriggert hat. Das Machtspielchen mit dem Verkäufer, der so ähnlich aussieht wie der bescheuerte Chef von damals. Der Geruch, den Sie mit einer Bestrafung als Kind verbinden, der schlagartig dazu führt, dass Sie schlechte Laune bekommen oder auf Krawall gebürstet sind.

Kommt es zu Autoritätsproblemen, wissen Sie sicher: »Hier triggert mein Gegenüber gerade etwas in mir!« Die unangenehmen Gefühle, die ausgelöst werden, wollen wir so schnell wie möglich loswerden. Schon landen wir in einem Denken-Fühlen-Handeln-Kreislauf.

Bitte nehmen Sie Stift und Papier zur Hand:
Denken Sie an Ihr aktuelles Autoritätsproblem – oder an eine Person, mit der Sie in dieser Beziehung immer wieder mal im Clinch liegen:

1. *Schreiben Sie auf, wer das ist.* Wenn Sie den Namen nicht kennen, dann die Umschreibung. Sie brauchen übrigens während dieser Übung weder neutral noch politisch korrekt zu sein. Seien Sie ehrlich, denn es geht uns ja gerade um Ihre Trigger und Gefühle.

   z. B. die Kollegin, die ständig Privatgespräche am Telefon oder mit Kollegen führt.

2. *Was tut die Person, das Sie beeinträchtigt?* Schreiben Sie auf, was Sie daran stört: an der Person, dem Verhalten oder einer aktuellen Situation.

   Sie werden merken, dass sofort Ihre Psycho-Logik mitmischt und blitzschnell aus allen möglichen Ordnern Dinge zusammensucht, die sie als relevant ansieht. Das kann ein richtiges Durcheinander aus verschiedenen Ecken sein. Notieren Sie hier auch, wenn die Person Sie an jemanden von früher erinnert, wenn Sie Aussehen oder Verhalten dieses Menschen mit ungut oder unangenehm verbinden.
   Darum lohnt es sich, bei diesem Schritt ein wenig sitzen zu bleiben und abzuwarten, was sich nach dem ersten Gedankenschwung noch meldet:

   Sie weiß doch genau, dass das nicht erlaubt ist, zumindest nicht in dem Ausmaß. Wo kämen wir hin, wenn das jeder von uns so machen würde. Dann könnten wir den Laden bald dichtmachten. Ich finde das egoistisch, unkollegial und rücksichtslos von ihr. Am Monatsende jammert sie dann wieder, dass sie nicht rumkommt mit der Arbeit. Doch ich werde ihr nicht mehr aus der Patsche helfen! Wenn das so weitergeht, überlege ich mir, ob ich nicht zur Chefin gehe und das melde. Vielleicht ändert sie was, wenn die Abmahnung kommt.

3. *Als Nächstes kommt der Gefühle-Check.* Hier wird die Autorität und mit ihr das gezeigte Verhalten gefühlsmäßig codiert, das heißt, die Situation wird als angenehm oder unangenehm eingestuft und bekommt das für Sie passende und stimmige Gefühlswort-Etikett. Hier handelt es sich ja eindeutig um unangenehme Gefühle, und es genügt, wenn Sie in den schon bekannten drei Basiskategorien denken, die wir seit dem Kindergarten schon kennen:
   - Angst (Unsicherheit, Besorgnis, Furcht, Panik)
   - Wut (Ärger, Hass, Aggression)
   - Traurigkeit (Hilflosigkeit, Ohnmacht, Verzweiflung)

   Übrigens kann natürlich auch eine Kombination ausgelöst werden.

   Ich bin richtig sauer, wütend auf Kollegin, + die Situation macht mich auch irgendwie hilflos, weil ich ja eigentlich gerne mit ihr zusammenarbeite + ich bin unsicher, ob es richtig ist, zur Chefin zu gehen.

4. *Nun braucht es noch die zum Code passende Biochemie.* Je nachdem, welche Gefühle wir mit der Person / Situation verbinden, reagiert unser Körper auf ganz spezifische Weise. Angenommen, Ihre private Logik hätte für die aktuelle Situation das Gefühlswort Wut ausgespuckt. Ihr Körper stellt daraufhin mehr Adrenalin zur Verfügung, was zu einem höheren Herzschlag, einem schnelleren Puls führt. Was also spielt sich in Ihrem Körper ab, wenn Sie an die Person denken bzw. in ihrer Gegenwart sind?
   Achtung: Bitte hier nicht schreiben, was Sie denken oder gerne tun möchten. Sondern bleiben Sie wirklich dabei, was Sie körperlich jetzt merken. Wenn Ihnen das schwerfällt, können Sie überlegen, wie sich z. B. Wut oder Angst körperlich anfühlt, und abchecken: Ist das so in etwa bei mir?

   Ich merke, dass ich geräuschvoll durch die Nase schnaube.
   Meine Lippen sind fest zusammengekniffen.
   Meine Schultern fallen nach vorne.

Dieser kleine Check ist enorm hilfreich, denn er führt Ihnen deutlich vor Augen, wer da was triggert und wie es Ihnen damit geht. Auf diese Auslöser reagieren wir, denn das unangenehme Gefühl *muss* abgestellt werden. Und damit landen wir schnurstracks auf der Macht-Wippe …

3. Die Macht-Wippe

Gehen Sie mit mir gedanklich auf einen Spielplatz: Damit beide auf der Wippe Spaß und Freude haben, sind sie aufeinander angewiesen, müssen sehr bewusst das Abstoßen ausführen, damit mal der eine, mal der andere oben ist. Miteinander wippen macht allerdings nur so lange Spaß, bis es einem von beiden ums Kräftemessen geht. Wer mehr Kilos auf die Waage bringt, kann den anderen zappeln lassen, einfach indem er mit dem Abstoßen aufhört. Der- oder diejenige kann auch unvermittelt absteigen und sein Gegenüber mit vollem Karacho von oben runterdonnern lassen.

Doch warum landen wir beim Autoritätskonflikt auf einem Spielplatz und was bitte schön ist eine Macht-Wippe? Für mich gibt es kein passenderes Bild als die Wippe, wenn es um das Thema Macht geht. Es sind immer zwei Personen im Spiel, die sich gegenseitig hochschaukeln, doch wenn die Gegenseite nicht mitspielt, dann wird das nichts mit dem Wippen. Wie jeder Vergleich hinkt auch dieser, da im Gegensatz zum Kindergartenalter nun zwei Erwachsene draufsitzen, denen das Spiel auf der Macht-Wippe keine Freude macht. Im Gegenteil, beide fühlen sich unwohl, doch irgendwie fühlt es sich vertraut an, irgendwie braucht jeder dieses zumindest »gefühlte Obensein«. Sie fragen sich, warum das so ist?

Hier ein vermutlich auf den ersten Blick höchst merkwürdiger Gedanke: Wenn Sie in einem Autoritätskonflikt landen, sind bei Ihnen UND bei der anderen Person die Nur-wenn-Sätze aktiv, die beide zum Muss-turbieren bringen und damit die altbekannten Automatismen auslösen (Kap. 2).

Wie Sie gleich sehen werden, funktionieren Macht-Wippen nach dem Schlüssel-Schloss-Prinzip. Ich mag dieses Bild, weil ich mir Menschen vorstelle, die mit allen Arten von Schlössern durch die Gegend laufen, auf der Suche nach Menschen sind, die sie »aufschließen« sollen. Doch anders als im Märchen gibt es dann kein Happy End, sondern die Büchse der Pandora ist geöffnet: Beim Wippen um die Macht leidet jede zwischenmenschliche Beziehung. Beide stehen am Ende als Verlierer da.

Und doch tappen wir Menschen andauernd in die Falle alter Automatismen: Wir stellen selbst Macht-Wippen auf und steigen auf die, die andere für uns bereitstellen. Die Auslöser sind ständig um uns herum.

- *Im Beruf* ist es der Kollege, der Ihre Ideen als seine ausgibt; die Kollegin, die ständig zu spät kommt; der Erbsenzähler von Chef; der lästernde Kollege; die Chefin, die an allem rumkritisiert, es aber selbst nicht besser macht; der Kollege, der sich Freiheiten rausnimmt, die ihm nicht zustehen; der Chef, der immer nur rumeiert; der Kollege, der jeden Mückenschiss ausdiskutieren will, oder die Kollegin, die Ihnen aus dem Weg zu gehen scheint; …
- *In der Liebesbeziehung, wenn der Partner/die Partnerin* ständig Überstunden macht, nur noch mit den Kumpels unterwegs ist oder sich in ein Hobby vergräbt; Sie nie ausreden lässt; sich beklagt, dass Sie zu selten oder zu oft Sex wollen; Witze auf Ihre Kosten macht; einfach Entscheidungen trifft oder Zeit verplant, ohne vorher zu fragen; bei Unzufriedenheit demonstrativ schweigt, manchmal tagelang; am Haushalt oder der Erziehung herumkrittelt oder sich aus allem raushält; …
- *In der Familie,* wenn das Kind jeden Morgen trödelt; vereinbarte Bildschirmzeiten überzieht; lügt; im Dauerclinch mit Geschwistern hängt; … oder die Eltern/Schwiegereltern, die immer wieder unangemeldet vorbeikommen; sich in die Erziehung einmischen; sich beklagen, dass Sie viel zu wenig Zeit für sie haben; vielleicht bekommen Sie von einem Familienmitglied die kalte Schulter gezeigt oder werden gar wie aussätzig behandelt; …
- *Im Alltag,* wenn Freunde immer bestimmen, was gemacht werden soll; wenn eine Freundschaft nur bestehen bleibt, weil Sie allein den Kontakt halten; wenn ein Freund Ihnen immer ungefragt guten Rat reindrückt; … wenn sich im Supermarkt jemand vordrängelt oder auf die Tränendrüse drückt, damit Sie ihn vorlassen; wenn der

Paketbote *nie* klingelt; wenn die Nachbarin Ihnen vorwirft, rücksichtslos herumzutrampeln; …

> **An der Intensität Ihrer Gefühle können Sie ablesen, ob eine Situation Sie lediglich kurz irritiert oder sich zu einem Konflikt entwickelt hat. Sind Sie nur *mal eben* ärgerlich, traurig oder angefressen, haben aber bald danach alles wieder vergessen, dann wippt da nichts groß. Wenn Sie sich jedoch tierisch darüber aufregen, aus der Haut fahren, sich hilflos, traurig, ängstlich fühlen und gedanklich gar nicht mehr loslassen können, dann macht das sehr viel in und mit Ihnen = Ihr Selbstwert geht ins Minus und führt Sie geradewegs auf die Macht-Wippe.**

3.1 Wer wippt hier eigentlich? – Es sind unsere Minderwertigkeitsgefühle!

Es gibt da eine Frage, die haben viele von uns früher schon gehasst, auch heute können wir sie nicht leiden. »Warum hast du das gemacht?« – Als Kind haben wir mit den Schultern gezuckt; auch heute haben wir oft nicht ad hoc eine Antwort auf die Frage, warum wir tun, was wir tun.

Als Individualpsychologin stelle ich mir und meinen Klienten daher immer die Frage nach dem Wozu, nach dem Zweck unseres Handelns. Tatsächlich verfolgen wir immer ein Ziel. Sie erinnern sich? Wir wollen unsere aktuelle Situation verbessern, wollen ins Plus kommen. Wir haben – bewusst oder unbewusst – ein Ziel vor Augen, das möchten wir erreichen, das treibt uns an, das motiviert uns. Drehen wir also den altbekannten Denken-Fühlen-Handeln-Kreislauf jetzt mal um und beginnen mit dem Handeln, mit dem, was Menschen tun. Da ist die Frage nach dem »Wozu tue ich, was ich tue« enorm hilfreich, auch wenn sie unbequem ist. Sie konfrontiert uns nämlich mit der Absicht, die wir verfolgen. Zugeben zu müssen, dass wir eine senkrechte Leiter in uns aufgestellt haben, dass wir muss-turbieren und mit hohen Erwartungen unterwegs sind, weil wir eine Sprosse hochkommen wollen auf der Leiter, das wollen wir uns nicht gerne eingestehen. Bei anderen fällt es uns leichter zu sagen:

- Ja, der hat Erwartungen an mich,
- sie hat das Ziel, mich fertigzumachen,
- er will an mir vorbeiziehen,
- mir eine reinhauen,
- ich soll den Platz frei machen,
- er will mir ans Leder,
- die führt Böses im Schilde.

Genau darum bringt die Strategie, die Sie bislang fahren, keine zufriedenstellende Lösung: Denn bei senkrecht gestellter Sichtweise aufs Leben führt die Frage nach dem »Warum« so gut wie immer zur Frage »Wer oder was ist schuld (dass es mir so geht/dass ich mich soundso verhalte/dass ich dies und das nicht tun kann)?« – mit dem Ergebnis, dass ich entweder mir selbst überall und an allem die Schuld gebe. Oder dem anderen beziehungsweise »den äußeren Umständen«.

»Ich schreie mein Kind, meinen Partner, Nachbarn an, muss mich zurückziehen, bin sarkastisch, oder mir rutscht sogar die Hand aus. Wenn ich die Antwort nach dem Warum im Außen suche, übernehme ich niemals die Verantwortung: »Weil der andere mich angemacht hat, sich nicht an die Vereinbarung gehalten hat, mich zuerst angeschrien hat, weil Stau war, weil mein Kind mich bis aufs Blut gereizt hat, … – wäre das nicht gewesen, wäre das alles nicht passiert!«

Die Chamäleon- und Schildkrötenanteile in uns bewegen sich dann in Richtung Ohnmacht, Traurigkeit, Ängstlichkeit oder sogar Resignation (»Ich kann nichts dafür + ich kann auch nichts tun!«). Bei senkrechter Leiter verfolgen auch diese Gefühle ein Ziel, doch es führt in die Blick- und Denkrichtung: Ich bin so arm dran, das Opfer, die immer zu kurz Gekommene, Missverstandene, Hilflose, Gemobbte, … Das konserviert nicht nur das Problem, sondern verstärkt die ungesunde Sichtweise, immer irgendwie auf Helfer und Retter angewiesen zu sein.

Vielleicht liegt es tatsächlich daran, dass unsere Augen nach außen gerichtet sind und wir deshalb nur ungern in uns selbst nach der senkrecht stehenden Leiter schauen. Doch ohne Selbstreflexion durchschauen wir den Machtwippen-Mechanismus nicht, bleiben auf unseren unangenehmen Gefühlen im wahrsten Sinne sitzen.

Für mich haben Menschen nur dann ein Problem, wenn unangenehme Gefühle im Spiel sind. Solange Sie kein doofes Gefühl mit sich rumschleppen, ist alles im grünen Bereich. Dauerhaft negative, störende Gefühle bei sich selbst zu ignorieren, rächt sich, das zeigt sich früher oder später mit körperlichen Symptomen.

An dieser Stelle möchte ich Ihnen Alfred Adler vorstellen, einen der Urgroßväter der Psychologie als Wissenschaft. Zusammen mit Sigmund Freud und Carl Gustav Jung haben sich diese drei Männer Ende des 19. Jahrhunderts erstmals Gedanken über das Seelenleben von Menschen gemacht. Jeder hat im Laufe seines Lebens ein in sich schlüssiges Modell entwickelt, das erklärt, warum Menschen so ticken, wie sie ticken.

Alfred Adler war ein Mann klarer Worte. Er sagte: »Mensch sein heißt: sich minderwertig fühlen.« Für ihn waren Minderwertigkeitsgefühle nichts Schlechtes, ganz im Gegenteil! Sie sind unser innerer Motivator, den wir mit auf die Welt gebracht haben und der lebenslänglich in uns aktiv ist. Ohne Minderwertigkeitsgefühle hätten wir niemals laufen oder sprechen, Fahrrad fahren, schwimmen, lesen, rechnen, malen … gelernt. Wir konnten es, weil wir es wollten, weil wir dauerhaft motiviert waren, unser Ziel zu erreichen. Wir brauchen dieses »gefühlte Minus«, wie Adler es nennt, um in ein »gefühltes Plus« zu kommen. Wir alle wollen freiwillig besser werden, fordern uns selbst, weil wir gerne dazulernen. Wir möchten uns in den Bereichen weiter vervollkommnen, die wir selbst wählen, die uns Freude machen, an denen wir Interesse haben.

Sobald Sie den Blick auf andere richten, um sich zu vergleichen, zu messen, auf welcher Sprosse Sie stehen, ändert sich schlagartig Ihre

Motivation. Sie haben Ihr Ziel geändert – bisher ohne es zu wissen natürlich. Es geht Ihnen jetzt nicht mehr darum, Ihre Talente und Fähigkeiten zu verbessern, das zu tun, was Sie anspornt und weiterbringt, womit Sie persönlich ins »gefühlte Plus« kommen. Nein, jetzt geht es nur noch um den in Ihren Augen besseren, höheren Platz auf der Vergleich-mit-anderen-Sprossenleiter.

Die innere senkrechte Leiter

= Minderwertigkeitsgefühle mit Zielrichtung »oben sein, an die Spitze kommen, über anderen stehen«

Die Absicht, die wir selbst – oder die anderen – verfolgen, geht in die »ungesunde« Richtung: in Richtung Kampf.

Ist die Macht-Wippe aktiv, geht es um Unter- und Überlegenheit: Beide haben den Blick auf den anderen gerichtet, sehen ihn eine oder mehrere Sprossen über oder unter sich stehen. Auf beiden Seiten sind die Trigger aktiv, es werden alte Erfahrungen und elementare Befürchtungen geweckt.

Wir entmutigen uns durch Bedingungen und Erwartungen

Im zweiten Kapitel haben Sie Ihre »Nur-wenn-Sätze« reflektiert. Bedingungen und die daraus entstehenden Erwartungen sind immer im Spiel, wenn es ums Machthaben geht:

Je zahlreicher die Nur-wenn-Bedingungen sind …

desto häufiger gehen wir auf unsere innere Selbstabwertungs-Wippe

weil wir die Ansprüche an uns noch höher schrauben,
uns dadurch noch unzulänglicher fühlen, wippen wir immer heftiger

Ob wir auf Macht-Wippen steigen oder selbst welche aufstellen, hängt eng mit unserem Selbstwertgefühl zusammen. Das wiederum unterliegt starken Schwankungen – nicht nur bezogen auf ein aktuelles Autoritätsproblem. Wir kennen es alle, dass wir mitunter zweifelnder, ängstlicher, unzufriedener sind. Kein Wunder: Alles, was gerade in unserem Leben passiert, plus die berühmte Tagesform, beeinflusst, wie wir uns fühlen.

Hier ein kleiner Selbst-Test, mit dem Sie jederzeit und überall feststellen können, ob Sie aktuell mit Bedingungen an sich selbst leben:

»Lieben Sie sich? Mögen Sie sich? Akzeptieren Sie sich, so wie Sie im Moment gerade sind?«

Sie haben nur drei Möglichkeiten zu antworten:

- *Ja, ich liebe mich, ich akzeptiere mich, kann mich selbst gut leiden.* Dann liegt Ihre innere Leiter gerade waagrecht. Sie werden niemanden auf die Macht-Wippe einladen, und Sie setzen sich auch nicht auf Macht-Wippen, die andere versuchen, für Sie aufzustellen.
- *Nein, ich mag mich gerade nicht,* ich kann mich nicht leiden, stehe mit mir auf Kriegsfuß, meine Laune ist im Keller, ich finde mich selbst schrecklich und unmöglich.
- *Ja, aber …* hier kommen die aktuellen Bedingungen, die für Sie erfüllt sein müssen, dass Sie Ja zu sich selbst sagen können. Sie lehnen gerade bestimmte Seiten an sich ab, was nicht schlimm ist, jedoch ein klarer Hinweis, dass da was zu tun ist, weil Sie in Gefahr sind, Macht-Wippen in sich selbst aufzustellen oder es bereits einige davon gibt.

Ist Ihre Antwort ein klares *Nein, ich liebe/mag/akzeptiere mich aktuell nicht*, dann übersetze ich das für meine Klienten gerne mit »Achtung! Macht-Wippen-Alarm!« denn: Wer sich selbst – seinen Körper, seine charakteristischen Eigenschaften und damit seine Persönlichkeit ablehnt, der kämpft ständig mit sich selbst, die Macht-Wippe hat sehr starke Ausschläge. Und: Dieser Mensch wird viele andere Menschen auf die Macht-Wippe einladen, und da geht es dann richtig ab.

Wer Sie mit aller Macht auf die Macht-Wippe ziehen möchte, der hat große eigene Probleme mit Selbstakzeptanz und Selbstannahme.

Das Nein zu sich endet entweder in Resignation und damit verbundener Selbstaufgabe (traurig, hilflos, unfähig, ohnmächtig sein), oder es wird in Rache/Vergeltungsmodus-Manier gewippt. Dann ist Hass – in diesem Fall Selbsthass – im Spiel.

»*Eifersucht ist starker Hass auf den anderen, doch ich bin nur dann eifersüchtig, wenn ich mich vergleiche im Sinne von: Was hat er/sie, was ich nicht habe? Dahinter steckt Selbstablehnung, die sich bis zum Selbsthass steigern kann. Neid ist ebenfalls ein starkes Gefühl, das uns auf die Macht-Wippe treibt, hier geht es darum, dass der andere etwas hat, das wir unbedingt ebenfalls haben möchten. Dann wird gewippt, weil es ums Haben-Wollen, um das vertraute Gefühl von »ich komme immer zu kurz, die anderen schnappen mir immer was weg« geht.*

Besonders schlimm ist es, wenn wir mit uns selbst auf die Macht-Wippe gehen.

Wie muss ich mir das vorstellen, dieses innere Wippen? – Je nachdem, in welcher Beziehung Sie sich nicht akzeptieren, stellen Sie eine entsprechende Wippe auf: Der momentane *Ist-Zustand* sitzt auf der einen Seite, auf der anderen sitzt der *Soll-Zustand*. Die Ausschläge der Wippe richten sich wieder nach der Formel »Je größer der Abstand zwischen Ist- → Soll-Zustand, desto heftiger wippen Menschen mit sich selbst und desto zahlreicher sprechen sie Einladungen an andere aus, mit auf die Macht-Wippe zu kommen«. Wenn Menschen sich selbst nicht leiden können, wird von ihnen viel Leid ausgehen. Über kurz oder lang werden das die Menschen in ihrem privaten oder beruflichen Umfeld zu spüren bekommen.

Auch ich kenne dieses innere Wippen nur zu gut. Es begegnet mir bereits beim Aufstehen, weil ich die Angewohnheit habe, morgens auf die Waage zu steigen. Wissen Sie, wie oft mir die Zahl nicht gefällt, die ich da sehe? – Mit der Macht-Wippe »Gewicht« kenne ich mich inzwischen aus, weil ich schon öfter draufgesessen bin. Deshalb sage ich auf dem Weg ins Bad augenzwinkernd zu mir selbst: Ulrike, du kannst dich jetzt mal wieder entscheiden. Akzeptierst du den Abstand vom Ist- zum Soll-Gewicht, oder schimpfst du mit dir, entmutigst du dich mal wieder selbst mit den bekannten Folgen, denn: »Wenn du dich selbst nicht leiden kannst, dann bist – oder wirst – du für andere eine Zumutung.« Im Bad steht dann schon die nächste Macht-Wippe bereit. Es ist der Blick in den Spiegel. Hier sehen wir täglich all die Merkmale, die unveränderbar sind, z. B. Augenfarbe, Körpergröße, Muttermale und andere körperliche Besonderheiten, die zu uns gehören. So also sehe ich heute aus. Sagen wir Nein zu dem, was uns da entgegenschaut, dann setzen wir uns in dem Moment auf die innere Macht-Wippe »Körper« und fangen langsam an zu wippen. Schon geht es wieder los mit den eigenen Bedingungen: »Ich bin zu …« – »Ich sollte …«

Eine große Rolle spielen dabei natürlich unsere Ideale: Welches Bild habe ich von mir oder glaube, es erfüllen zu müssen. Diese Bilder unterscheiden sich durchaus, je nach Lebensbereich. So haben viele ein Ideal im Kopf, wie sie als berufstätige Mutter sein sollten; was einen guten Freund ausmacht; wie man sich als erwachsener Sohn/Tochter seinen Eltern gegenüber zu verhalten hat; wie ein »echter Mann«, eine »weibliche Frau« sein sollte, und, und, und.

So bin ich – so sollte ich sein sind also die Gegenspieler der Macht-Wippen, die wir in uns aufgestellt haben. Mit diesem Selbstbild (das geprägt wurde aus den Erfahrungen der Vergangenheit) laufen wir durch die Welt: Und wir haben ein Selbst-Ideal in uns, das ebenfalls eng mit den Autoritäten von damals verbunden ist. Je weiter das auseinanderklafft, desto mehr leiden wir, bekommen wir unangenehme Gefühle. Beispiel: Ich bin dumm – ich sollte intelligent sein. Ich bin hässlich – ich sollte schön sein. Ich bin fehlerhaft – ich sollte perfekt und vollkommen sein.

Das klingt sehr weit auseinander, ich weiß, doch glauben Sie mir: In meiner Praxis sitzen tatsächlich viele Menschen, die fest davon überzeugt sind, dass sie dumm oder hässlich sind, doch sie haben viele Sicherungsmechanismen eingebaut, dass niemand ihr verletztes Selbstbild bemerkt. Auch hier gilt: Je verzerrter das Selbstbild, desto häufiger und heftiger wird gewippt. Das muss von außen gar nicht sichtbar werden, doch wir merken es an der schlechten Laune, die diese Menschen ausstrahlen, die mit sich zutiefst unzufrieden sind.

Leider merken wir bei uns selbst diese innere Ablehnung oft nicht mal mehr, weil es immer schon so war oder weil wir derlei Umgang mit uns selbst dulden. Doch es liegt auf der Hand, dass hier ein starker Kampf gegen sich selbst besteht – und dass wir uns damit andauernd den Selbstwert abgraben, wenn ständig das Programm läuft: »Ich sollte anders sein, als ich bin.«

Würde unsere Leiter waagrecht liegen, wäre das alles kein Problem, wir würden unsere Minus-Gefühle als Ansporn nehmen, um uns in Richtung unseres Selbst-Ideals zu entwickeln. Ich sage manchmal: »Wir hätten tatsächlich jeden Tag was zu feiern, wenn wir auf die Fortschritte achten würden, die wir an diesem Tag gemacht haben, weil wir unsere Minderwertigkeitsgefühle als Ansporn genommen haben, uns weiterzuentwickeln.«

Stattdessen sind wir es selbst, die uns nonstop entmutigen – und andere gleich mit, denn auch da stellen wir unsere Bedingungen:

Je zahlreicher die Nur-wenn-Bedingungen sind ...

desto häufiger laden wir unsere Mitmenschen auf von uns aufgestellte Macht-Wippen ein

desto anspruchsvoller werden wir in Bezug auf andere + desto stärker wippen wir

Blättern Sie noch mal vor ins zweite Kapitel: Dort haben Sie Ihre Überzeugungen und Ansprüche an Autoritäten angekreuzt – und das ist nur ein kleiner Ausschnitt der Erwartungen, die Sie in sich tragen. Die Bedingungen, die wir an andere stellen, machen nicht halt vor denen, die uns emotional am nächsten stehen.

Im Gegenteil: Je näher uns Menschen stehen, desto zahlreicher sind die Macht-Wippen aufgestellt und desto schneller springen wir drauf.

Eigentlich ist das paradox. Gerade an die Menschen, die wir aus freien Stücken lieben, stellen wir oft sogar noch höhere Ansprüche als an andere!

Hier kommt der Schnelltest, mit dem Sie feststellen können, ob Sie aktuell mit Bedingungen an andere Menschen leben.

Lieben bzw. respektieren Sie Ihre/n Partner/in, Tochter/Sohn, Bruder/Schwester, Schwiegermutter/-vater, Freund/in, Kollege/Kollegin, Chef/In ...?

☐ Ja!

☐ Ja, wenn .../Ja, bis auf ...

Die Antworten, die Sie sich hier geben, sind ein wichtiger Schlüssel, wenn Sie Macht-Wippen zukünftig erkennen und bewusst umgehen wollen. Sie kennen dann die Bedingungen, die Sie an den anderen stellen, und dass Ihr Gegenüber diese im Moment nicht erfüllt oder sogar ganz klar Nein dazu sagt. Nur dann kommt die Wippe in Schwung:

- Der andere sagt Nein zu Ihren Erwartungen.
- Sie sagen Nein zu seinen Erwartungen.

Respektieren bitte nicht verwechseln mit akzeptieren! Akzeptieren heißt zustimmen, doch Sie müssen nicht gut finden, was der andere tut, brauchen auch nicht einer Meinung mit ihm sein. Respektieren heißt, Sie haben ein gewisses Maß an Achtung vor diesem Menschen, Sie nehmen ernst, was er sagt oder tut, können es als »sein Ding« stehen lassen, weil es ihm oder ihr wohl wichtig ist.

Ja näher uns ein Mensch steht, desto weniger lässt uns kalt, wie es ihm geht. Sie spielen eine wichtige Rolle im Leben dieses Menschen, und umgekehrt ist das genauso. Deshalb tun Macht-Wippen hier auch ganz besonders weh, weil wir uns emotional viel stärker verbunden fühlen. Wir reagieren viel heftiger, sind viel empfindlicher, wenn hier die Macht-Wippe in Gang kommt. Das Gute dabei: Wir haben in diesen Beziehungen auch die größte Bereitschaft, uns zu hinterfragen, zu reflektieren, weil wir die aktuelle Beziehungssituation für uns und den anderen verbessern wollen.

Macht-Wippen sind ein ständiger Widerstand und Kampf. Wir machen uns buchstäblich das Leben schwer, wenn wir andauernd gepolt sind auf:

- »Die anderen sollten anders sein, als sie sind.«
- »Das Leben sollte anders sein, als es ist.«
- »Die Welt sollte anders sein, als sie ist.«
- »Ich sollte anders sein, als ich bin.«

Sie landen nur mit Menschen auf der Wippe, bei denen die Leiter auch senkrecht steht!

Mit dem Wippen fängt einer an, der sich nicht gut fühlt, weil seine Leiter senkrecht steht. Jetzt folgt die bekannte Kettenreaktion:

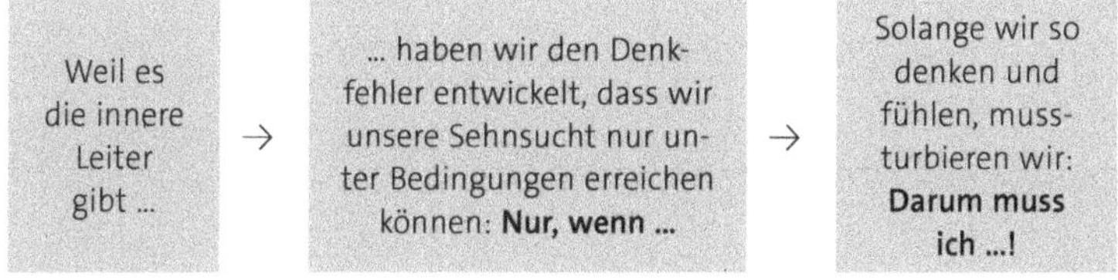

»*Franz ist Hausmeister in einem Hotel. Er ist total gewissenhaft, hat immer den Überblick. Ein großes Ärgernis ist seit einiger Zeit der Altpapier-Container. Der wird viel zu schnell voll, weil einige ganze Schachteln reinwerfen. Die von Franz angebrachten Schilder werden ignoriert. Seit einiger Zeit fällt ihm auf, dass die Kartons oft an den Hotelchef adressiert sind. Jetzt platzt ihm der Kragen! Regeln gelten schließlich für alle. Darum fischt er den grpßen Karton aus dem Container und stellt ihn demonstrativ dem Chef auf den Schreibtisch.*

Der stellt ihn wütend zur Rede: Das geht ja mal gar nicht, ihm Müll auf den Tisch zu legen. Immerhin ist er hier der Chef! Als Hausmeister ist es nun mal seine Aufgabe, Kartons zu zerkleinern. – Damit ist er bei Franz an der falschen Adresse! … schon ist die Macht-Wippe in vollem Gange.

Woran erkennen wir bei uns und anderen, dass die Leiter senkrecht steht?

Bei den jeweiligen Typen – Adler, Löwe, Schildkröte und Chamäleon – haben Sie bereits gesehen, wie verschieden sich das Muss turbieren äußern kann. Bei anderen fällt es uns sehr viel schneller auf, wir können es an der Körpersprache ablesen, dass da jemand gerade auf Krawall gebürstet ist oder demonstrativ ein Stopp-Schild im Gesicht trägt. Doch gerade bei uns selbst sind wir oft weniger aufmerksam.

Menschen, die folgende Verhaltensweisen zeigen, haben definitiv die Leiter senkrecht gestellt:

- Sie sortieren andere in Kategorien: gut – böse, intelligent – dumm, besser – schlechter, …
- Sie fällen Pauschal-Urteile über sich und andere (stempeln ab, stecken in Schubladen) – lästern, stänkern oder mobben.
- Sie respektieren und achten nur Menschen, die »höher« als sie selbst stehen, sie sonnen sich oder wollen in deren Gunst stehen, wollen mit den großen Hunden pinkeln gehen, deshalb orientieren sie sich daran, wie diese das machen.
- Sie suchen Fehler, das Haar in der Suppe und kritisieren alles.
- Sie drohen, fordern, machen Angst.
- Sie vergleichen und bewerten sich und andere (oft sehr harsch).
- Sie sind nur dann motiviert, wenn damit ein Höherkommen an Status, Ansehen und Prestige verbunden ist: Wo ist die nächste Belohnung, der nächste äußere Anreiz, um eine Sprosse höher zu kommen?
- Sie brauchen das Gefühl von Überlegenheit, belehren und befehlen gerne, geben überall ihren Senf dazu – wollen recht haben.
- Sie suchen Streit, gehen Konflikten nicht aus dem Weg: Angriff war schon immer die beste Art der Verteidigung, sie gehen immer zum Schmitt und nicht zum Schmittchen.
- Sie machen anderen ein schlechtes Gewissen. Der andere ist schuld an

der Misere. Ich bin unschuldig, kann nichts dafür, will mir keine Schuld geben müssen.

- Sie halten Informationen zurück oder geheim: Ich muss meine Machtposition verteidigen, andere wollen mir was. Ich muss mich dagegen wehren.
- Sie teilen die Verantwortung nicht: Ich bin für alles verantwortlich, es kommt nur auf mich an. Ich muss gewinnen, darf nicht versagen.
- Sie tarnen, täuschen, lügen, wenn sie schlechter dastehen könnten, etwas versäumt oder einen Fehler gemacht haben.
- Sie sind misstrauisch und Kontrollfreaks: Reißen viele Dinge an sich, bauen ihr eigenes Kontrollsystem auf, haben und sammeln Insider-Wissen.
- Sie müssen immer auf der Hut sein, müssen aufpassen, dass ihnen keiner zu nahe kommt, weil sonst die hart erkämpfte Sprosse und der damit verbundene Status in Gefahr ist.
- Sie haben Angst vor dem Fall: Ihr Image, ihre Position, ihr Aufgabengebiet, ihr Partner, ihre Partnerin könnte ihnen von einem anderen weggenommen werden.

Der senkrechten Leiter zugrunde liegt eine entmutigende Sichtweise auf sich selbst, auf andere Menschen, das Leben und die Welt. Mit unseren Denk- und Interpretationsfehlern haben wir uns quasi einen Psycho-Virus ins Programm geholt, den wir nicht bekämpfen sollten, sondern als Erstes erkennen, danach verstehen, um ihn schließlich verändern zu können.

Die gute Nachricht: Sie können ab jetzt die innere Macht-Wippe bei sich selbst immer besser erkennen. Damit sind Sie bereits viel weniger in Gefahr, auf Macht-Wippen zu gehen, die andere für Sie aufstellen. Das ist aus meiner Sicht der allergrößte Gewinn, weil wir damit bei uns selbst anfangen können. Gleichzeitig werden Sie die senkrecht stehenden Leitern bei allen Menschen identifizieren können, die Ihnen begegnen, also bei Ihrem Kind, dem Partner, dem Chef, dem Kollegen, dem Nachbarn, der Frau an der Supermarktkasse, jedem Autofahrer, der Ihnen begegnet. Sie wissen künftig, ob er oder sie mit senkrecht stehender Leiter unterwegs ist. Für mich persönlich ist es eine Art von Psycho-Sport geworden, das »Rätsel« zu lösen, wenn Menschen sich mir oder anderen gegenüber aus meiner Sicht komisch oder eigenartig verhalten. Ich stelle mir die Frage, welche Nur-wenn-Bedingung hier wohl gerade aktiv ist, welche Erklärung ich finden könnte für das Verhalten. Das hilft mir dann - nicht immer, aber immer leichter -, zumindest ein gewisses Maß an Verständnis für das Verhalten aufzubringen, auch wenn die Regel gilt »Verstehen heißt nicht, dass ich damit einverstanden bin, wie mein Gegenüber sich verhält«. Ich sage mir dann:

Oh, da ist ein Mensch, der mit sich kämpft, der gerade äußerst unzufrieden ist mit seiner aktuellen Lage, der im gefühlten Minus steht und seine Leiter aufrecht gestellt hat.

3.2 Die sechs Positionen der Macht-Wippe

Die Macht-Wippe löst nichts: Beide treten sozusagen auf der Stelle, Aktion und Reaktion hängen davon ab, welche inneren Trigger es gibt und welcher Typ Sie sind.

Es gesellen sich entweder gleich und gleich auf die Wippe:

Adler	↔	Adler
Adler	↔	Löwe
Löwe	↔	Adler

dann wird das Ganze aggressiv, angreifend und aufgeladen,

Chamäleon	↔	Chamäleon
Chamäleon	↔	Schildkröte
Schildkröte	↔	Schildkröte

→ dann wird es abwartend-lauernd, passiv-aggressiv, blockierend (»auflaufen lassen«).

Oder es steigen die Komplementär-Partner mit drauf:

→ Hier baut eine Seite Druck auf (Löwe/Adler) – die andere (Chamäleon/Schildkröte) verhält sich scheinbar ruhig, doch innerlich kocht sie, bildet wie eine Brausetablette viele Blubberbläschen, die sich schließlich explosionsartig entladen, wenn der eigene Deckel mit einem lauten Plopp aufspringt. Die scheinbar Ruhigen und Gemütlichen katapultieren die Gegenseite nach oben und zahlen dafür den Preis des extrem harten Aufpralls. Die Schaukelei lässt beide in einer unguten Situation verharren, bis auf die Tatsache, dass sich die Beziehung negativ hochschaukelt. Das Ziel, die unangenehmen Gefühle loszuwerden, gelingt, wenn überhaupt, nur kurzfristig – denn der andere reagiert entsprechend.

Es gibt sechs Wipp-Positionen, in denen Sie sich wiederfinden können:

Unten – kurz vorm Absteigen

Ich fühle mich klein, schwach, minderwertig, hilflos und ausgeliefert. Ich ziehe den Kopf ein, damit ich nicht »geschlagen« werde (wie als Kind vielleicht tatsächlich), zumindest will ich nicht noch mehr Ärger auf mich ziehen. Ich sitze unten auf der Wippe, würde am liebsten absteigen, doch das geht irgendwie auch nicht. Also muss ich abwarten, bis die Autorität sich an mir abreagiert hat.

Eines von vielen typischen Handlungsmustern im Alltag

Herrschen durch Schwäche zeigen. Das ist auf den ersten Blick gar nicht als Machtdemonstration erkennbar: Einer der Wippenden weiß bewusst oder unbewusst, dass man andere am langen Arm verhungern lassen kann, wenn man sich dumm stellt oder hilflos tut. Auch die Strategien armes Opfer spielen, Mitleid erregen und gute Ausreden erfinden sind beliebte Wipp-Manöver. Es wird gezielt eine Beißhemmung ausgelöst, um das Gegenüber in die Knie zu zwingen, so wird das eigene Unterlegenheitsgefühl benutzt, um »gefühlt oben« zu sein auf der Macht-Wippe.

Unten sitzend – bereit zum Hochkommen

Ich verhalte mich ruhig, doch ich beobachte mein Gegenüber genau, damit mir ja nichts entgeht. Ich sitze zwar unten auf der Wippe, doch habe ich alles unter Kontrolle und lauere auf eine Schwäche des anderen, diesen passenden Augenblick, der mich unerwartet hochkommen und die Oberhand bekommen lässt.

Eines von vielen typischen Handlungsmustern im Alltag

Früher oder später macht der andere einen Fehler, den ich nutzen kann. Hier kommen Wipp-Aktionen unvermittelt. Da schießt jemand quasi aus der Hüfte oder liegt im Hinterhalt und wartet darauf, dass der andere einen Fehler macht, der ihm dann um die Ohren fliegen wird. Bei »Kontrollettis« steckt oft eine eigene große Angst dahinter, Fehler zu machen oder kritisiert zu werden. Das Bedürfnis, alle und alles fest im Griff und im Blick haben zu müssen, ist riesig. Und es bringt natürlich Munition, die, wenn's drauf ankommt, gegen den anderen verwendbar ist.

Von außen sieht man mir nicht an, dass ich koche vor Wut, denn ich bin gut darin, ein Pokerface aufzusetzen. Innerlich bin ich allerdings kurz davor, die Fassung zu verlieren, und würde mich am liebsten fest von der Wippe abstoßen, um die Autorität nach unten zu bringen. Wenn ich nur könnte, wie ich wollte! … Doch irgendetwas hält mich zurück.

Eines von vielen typischen Handlungsmustern im Alltag

Moralische Überlegenheit als Antwort. Pokerface hin oder her – nonverbale Signale wie ein verächtlicher Blick, Augenrollen oder abschätzig nach unten gezogene Mundwinkel verraten, dass sich hier einer über den anderen erhebt. Die innere Überzeugung ist: Ich habe recht, meine Werte und Überzeugungen sind besser als deine. Das löst beim Gegenüber Selbstzweifel, Schuldgefühle, schlechtes Gewissen, Verzweiflung oder auch alle Stadien der Aggression (Ärger, Wut, Zorn, Hass) aus.

Ich bin überzeugt davon, dass es nur eine Wahrheit gibt, und das ist meine! Das lasse ich mein Gegenüber deutlich wissen und spüren, indem ich meiner Meinung und meinen Gefühlen freien Lauf lasse. Ich setze alles daran, die Autorität auf ihren Platz zu verweisen, und der ist auf jedem Fall unter mir. Dort soll sie auch bleiben, denn der Sieger bin ich!

Eines von vielen typischen Handlungsmustern im Alltag

Rechthabenwollen um jeden Preis. Schnell verwechseln solche Menschen schon mal das »Recht haben« mit »recht haben wollen«. Das ist eine der turbulentesten Positionen, jeder will auf der Macht-Wippe nach oben kommen, beide wippen nach dem Motto »Koste es, was es wolle«, das führt zu einem ausdauernden und dominanten Kampf, bei dem es oftmals unter die Gürtellinie geht. Sie erinnern sich: Unterliegendes Motiv sind immer Minderwertigkeitsgefühle. Stellt einer sich offensichtlich drüber, verstärkt er das Unterlegenheitsgefühl beim anderen.

Ich weiß ganz genau, was mein Gegenüber anbeißen und auf die Macht-Wippe steigen lässt. Ich halte die Wippe in Gang, indem ich gezielt nach Schwachstellen bei der Autorität suche. Die Autorität hat mit mir zu rechnen, kommt nicht an mir vorbei. Mir ist bewusst, dass ich mich im Kampf um die Macht befinde, doch irgendwie hat dieses Spiel um die Macht auch ihren Reiz.

Eines von vielen typischen Handlungsmustern im Alltag

Locken und provozieren. Hier hat jemand einen Spaß daran, den anderen gezielt zu triggern, ärgern und herauszufordern, damit das Wippen beginnen oder fortgeführt werden kann. Höchstwahrscheinlich hat dieser Mensch auch früher schon Eltern oder Lehrer erfolgreich auf die Macht-Wippe eingeladen. Aus der Warte des schlauen Fuchses werden Achillesfersen ausgenutzt, und das erklärte Ziel ist es, die Autorität zum Mitwippen zu bewegen. Sie fühlen sich dem Gegenüber gewachsen, wissen genau, wie sie nach oben kommen, und nehmen stillschweigend in Kauf, dass ihr Gegenüber auch mal oben ist.

Ich versuche unablässig, das Rauf und Runter zu stoppen und die Wippe in die Mittelposition zu bringen: Ich erkläre und rechtfertige mich, suche ständig das Gespräch mit der Autorität, um mich und meine Sicht zu erklären, Gründe oder mildernde Umstände zu finden, doch irgendwie gelingt es mir nicht, und ich fühle mich frustriert.

Eines von vielen typischen Handlungsmustern im Alltag

Die weiße Fahne schwenken. Hier will einer gar nicht wippen. Anstatt aber einfach gar nicht erst auf die Wippe zu gehen oder sie zu verlassen, geht es um Aufmerksamkeit. Die weiße Fahne steht symbolisch für: Erklärungen, Entschuldigungen, besonders tolle Ideen, Ja-aber-Sätze, Tränendrück- oder Mitleiderregen-Strategien. Um nach oben zu kommen, zwingen sie die Autorität, ihnen die volle, ungeteilte Aufmerksamkeit zu schenken.

3.3 Das Wippen mit anderen beginnt im Kopf, manches Mal bleibt es dort auch

Wir führen einen heftigen inneren Dialog rund um das »Fehlverhalten des anderen«, tragen oft über einen langen Zeitraum einen inneren Machtkampf mit jemandem aus – der mitunter gar nichts davon ahnt.

Anzeichen, dass Sie gedanklich bereits auf der Macht-Wippe sitzen:

- **Sie denken tagsüber immer wieder mal an die Person,** und nicht selten geistert sie auch in der Nacht durch Ihre Gedanken- oder Traumwelt. Sie spielen Begegnungen, Situationen immer wieder durch und merken gar nicht, wie viel Macht, wie viel Aufmerksamkeit Sie dieser Person geben. Von den dadurch ausgelösten Gefühlen gar nicht zu reden.
- **Sie machen die Autorität gedanklich fertig, verteilen munter Etiketten** wie »Depp, Zicke, Sklaventreiber, Arschloch«. Sie merken zwar, dass diese Gedanken auch mit Gefühlen von Ärger und Wut verbunden sind, doch irgendwie wirkt es befreiend, weil es ja nur in Gedanken passiert und nicht in echt.
- **Ihr Körper reagiert** mit Augenverdrehen, Lippen zusammenkneifen, Stirn in Falten legen, beim Blick in den Spiegel sehen Sie Augen, die ein Gegenüber fixieren. Die innere Anspannung manifestiert sich auch in der Muskulatur, wenn Sie an die Autorität denken.
- **Sie haben schlechte Laune, können sich selbst nicht leiden, sind ein weiblicher oder männlicher Miesepeter, wie er im Buche steht.** Sie fühlen sich in dieser Rolle irgendwie gefangen und wissen nicht, wie Sie da wieder rauskommen sollen. Wenn gar nichts mehr hilft, lassen Sie Ihre schlechte Laune auch mal an Menschen aus, die nichts mit dem Thema zutun haben.
- **Sie rüsten gedanklich schon mal auf,** legen sich schlagkräftige Argumente zurecht, stoßen sich quasi gedanklich schon mal kräftig von der Macht-Wippe ab. Sie sind sicher, damit kommen Sie nach oben und die Autorität geht nach unten.
- **Sie hadern gedanklich mit der Autorität, weil sie Ihnen nicht die Anerkennung gibt, die Wertschätzung zeigt, die Sie verdienen.** Sie rechnen

innerlich auf, zählen und kleben die Minuspunkte wie Rabattmarken in Ihr inneres Abrechnungsheft. So sehen Sie auf einen Blick, was Sie in den letzten Tagen, Wochen, Monaten bekommen haben, mit dem Ergebnis, dass Sie zu kurz gekommen sind.

- **Sie sind gedanklich mit der Autorität verbunden, doch es sind noch andere Personen um diesen Menschen herum.** Sie spüren schmerzhaft den Neid, die Eifersucht, die Sie unter Verschluss halten müssen, doch in Gedanken ist ja alles erlaubt. Zu erleben, dass die Autorität einer anderen Person als Ihnen den Vorzug gibt, lässt Sie gedanklich auf die Macht-Wippe steigen. Doch wer genau sitzt Ihnen gegenüber? Die Autorität oder die/der andere?

Das innere, oft extrem heftige Wippen bringt zusätzlich Sprengstoff in die Beziehung. Hier steigern wir uns rein, unterstellen dem anderen jede Menge und befeuern unsere negativen Gedanken extrem.

So wird aus einer inhaltlichen Mücke, die sachlich relativ einfach zu regeln wäre, ein emotionaler Riesenelefant. Der gefühlsmäßige Abstand zum anderen wird immer größer, und anstatt handlungsfähig zu werden, rutschen wir immer tiefer in die Selbstentmutigung, geraten in destruktive Denk- und Gefühlskreisläufe, die vor allem uns selbst schaden.

3.4 Die Rolle der anderen

Nun dürfen wir nicht vergessen, dass wir nie allein auf der Welt sind – gerade, wenn es um den Selbstwert geht, spielt die Meinung anderer ebenfalls eine Rolle. Der Mensch will dazugehören, er orientiert sich an dem, was andere von ihm denken oder erwarten. Den allermeisten ist es daher ganz und gar nicht egal, was andere von ihnen halten. Darum betrifft unsere Beziehung – und die Konfrontation – mit einer Autorität sehr wohl auch die Menschen um uns herum.

- *Sind wir vor Publikum?* Sind andere anwesend, wenn ich mich von einer Autorität herausgefordert fühle oder bereits auf der Macht-Wippe sitze?

» Während eines Seminars spielt ein Teilnehmer ständig mit seinem Handy, das Piep-piep der Tastentöne ist deutlich zu hören. Die Trainerin geht physisch ganz nahe hin und spricht den Teilnehmer freundlich an, dass er aufhören möge. Der Teilnehmer nimmt Blickkontakt auf, tippt gleichzeitig weiter auf seinem Handy rum und sagt herausfordernd: »Ich mache gar nichts!« Trainerin und Teilnehmer haben die Macht-Wippe betreten … und 40 Augenpaare schauen gespannt, was jetzt passiert.

- *Sind andere betroffen?* Unsere Spiegelneuronen sind ständig aktiv, es lässt uns daher nicht kalt, wenn anderen etwas zustößt, das unsere Werte verletzt. Wir tragen manchmal Kämpfe für andere aus, weil beispielsweise unser Ungerechtigkeits-Radar piepst.

» Ein Mitarbeiter kanzelt die neue Kollegin ab, als wäre sie ein kleines Kind. Die sitzt wie das Kaninchen vor der Schlange. Sie reagieren total allergisch darauf, dass sich der Kollege so im Ton vergreift, und springen stellvertretend auf die Macht-Wippe. Übrigens: Es kann sein, dass Sie in eigener Sache das Wippen möglichst vermeiden, wenn es aber um jemand anderen geht, kein bisschen zögern.

- *Sagen mir andere, was gut für mich wäre?* Sagt mir ein guter Freund oder die Partnerin, dass ich mir »so was« nicht gefallen lassen darf? Oder habe ich durch die Medien den Eindruck, dass ich etwas unbedingt tun oder durchsetzen müsste, obwohl ich es gar nicht so empfinde?
  Besonders rund ums Neinsagen, Grenzen ziehen, etwas für sich einfordern sind andere oft ganz groß. Ich erlebe es als Therapeutin häufig, dass Klienten damit herausrücken, dass etwas gar nicht ihr Ziel war oder sie etwas lieber vermieden – oder ausgehalten hätten, ABER … Damit wir uns richtig verstehen: Es hat durchaus Vorteile, wenn wir von anderen darauf aufmerksam gemacht werden, dass wir stärker für uns eintreten können. Es ist gut, andere Blickwinkel zu sehen und kennenzulernen, wie andere Temperamente mit etwas umgehen. Doch erlauben Sie sich die Frage: Lasse ich

mich gerade von anderen pushen und damit auf die Macht-Wippe treiben, oder stimmt es für mich und ich bin froh für den Tritt?

- *Sogar bereits verstorbene Menschen können Einfluss nehmen!* Im ersten Kapitel haben Sie zurückgedacht, welche Autoritäten für Sie in Kindheit und Jugend besonders prägend waren, welche Überzeugungen Ihnen vermittelt wurden. Einiges davon bleibt äußerst präsent. Denken Sie an Sätze wie »xy würde sich im Grab umdrehen / wäre stolz / würde an meiner Stelle dies und das tun / …«

3.5 Auf der Macht-Wippe packen wir »altbewährte« Strategien aus

Sie wissen bereits, ob Sie Schildkröte, Adler, Löwe oder Chamäleon sind. Höchstwahrscheinlich haben Sie beim Selbst-Check in Kapitel 2 festgestellt, dass Sie Anteile verschiedener Typen haben. Je nach Gegenüber und Kontext verändert sich die Sachlage: So kann es sein, dass Sie merken, »beruflich bin ich totaler Adler, aber in meiner Familie tendiere ich zur Schildkröte«.

Das liegt nicht nur daran, dass wir uns mit verschiedenen Menschen unterschiedlich geben und fühlen, sondern dass wir es mit anderen Ängsten und Minderwertigkeitsgefühlen zu tun bekommen: So spricht der gleiche Mensch im Job unangenehme Dinge sehr zeitnah an, im Privatleben schiebt er Aussprachen darüber, was ihm nicht gefällt, lange vor sich her.

Wann immer wir uns auf die Macht-Wippe einlassen, verfallen wir in altbekannte Strategien. Ich habe in der Überschrift das »bewährt« absichtlich in Anführungsstriche gesetzt, denn es sind Automatismen, die wir von früh auf angewendet haben und die oft automatisch ablaufen. Damit erreichen Sie, was Sie immer erreicht haben. Doch die Autoritätsprobleme lösen Sie nicht, und von Souveränität ist auch keine Spur. Das Gute ist: Sie können sich neue, bessere Strategien aneignen. Dazu kommen wir in Kapitel 4.

Vor dem Verändern steht immer das Verstehen. Darum kreuzen Sie bitte an, wo Sie sich besonders wiedererkennen, wenn sich die senkrechte Leiter meldet:

Tendenz: passiv – defensiv

- ☐ **Ich bin eher mut- und kraftlos und gebe schnell auf.**
  Ohnmacht, Hilflosigkeit und Verzweiflung sind meine Begleiter. Ich ordne mich eher unter und gebe klein bei in der Hoffnung, dass sich die Wogen glätten und andere von mir »ablassen«.

- ☐ **Blocken, Mauern, Nicht-reagieren sind meine Mittel der Wahl.**
  Abwarten und niemanden an mich ranlassen! Ich versuche, den Anschein zu erwecken, dass mich nichts angreift, auch wenn es das innerlich tut. Es hat durchaus seinen Reiz, andere auflaufen zu lassen.

Tendenz: aktiv – aggressiv

- ☐ **Ich bin angespannt und auf der Hut. Für mich gibt es nur Entweder-oder.**
  Wenn mir was nicht passt, sage – und zeige – ich es demonstrativ. Ich spiele Szenarien durch, damit ich bestens vorbereitet bin. Ich rechne auf: Was für mich gilt, muss für andere genauso gelten.

- ☐ **Ich bin so wütend und steigere mich richtig rein!**
  Ärger, Zorn und Hass keimen schnell in mir auf. Manchmal bin ich regelrecht blind vor Wut. Ich lasse mir überhaupt nichts gefallen und kämpfe, wenn es sein muss, bis zum bitteren Ende.

An dieser Stelle müssen wir über Manipulation reden. Denn wir alle manipulieren ständig, wir können gar nicht nicht manipulieren, da jedes Zucken, alles, was über die Sinne bei uns reinkommt, ja etwas mit uns macht. Der eigentliche Wort-Sinn von »Manipulation« ist »Handhabung«, nicht mehr und nicht weniger.

Manipulation im negativen Sinne ist für mich verbunden mit verdeckten Absichten, wenn ich im Unklaren gelassen werde, was mein Gegenüber vorhat, wozu es mich bewegen will. Bei der negativen Manipulation verfolgt jemand nur seine eigene Agenda: Genau wie auf der Macht-Wippe will einer auf Kosten des anderen aus seinem gefühlten Minus ins Plus kommen. Damit er selbst eine Sprosse höher kommt, fordert er vom anderen:

- Anerkennung
- Bewunderung, Applaus
- Gehorsam

- eine Entschuldigung
- Dankbarkeit
- Rücksichtnahme
- Toleranz
- oder, oder, oder.

Jede Strategie da oben setzen wir ein, weil sie in der Vergangenheit für uns funktioniert hat (oft, weil wir nichts Besseres kennen). Jede Richtung – die aktiv-aggressiv und die passiv-defensive – setzt ganz gezielte Schrauben an, an denen wir drehen, um beim anderen etwas auszulösen. Und jede dieser Strategien ist dazu gedacht, dem anderen an den Karren zu fahren. Die einen provozieren und verletzen, die anderen sind subtiler. Wer die Mechanismen der Macht-Wippe kennt, kann psychologisch fundierter handeln.

Doch was passiert, wenn die Macht-Wippe ins Schleudern gerät? Was steckt psychologisch dahinter, wenn Menschen von der Macht-Wippe gehen und es noch schlimmer wird für beide Seiten, weil es nun um Rache- und Vergeltungsmaßnahmen geht? Wieder sind es die Minderwertigkeits-, die Unterlegenheitsgefühle, die umso heftiger anspringen, wenn wir uns seelisch verletzt fühlen. Bei der Macht-Wippe haben wir uns herausgefordert und provoziert gefühlt, doch wenn Verletzung ist Spiel kommt, streut der oder die andere quasi Salz in unsere seelische Wunde, die wir glaubten, gut verschlossen zu haben auf dem Weg zum Erwachsenwerden. Es ist der höhere Schmerz- und Angstpegel, der uns auf Rache sinnen lässt. Wenn Hass ins Spiel kommt, wird es richtig gefährlich. Es gibt zwei Ausprägungen:

↓	↓
Hass gegen andere: Diese Menschen haben die Hoffnung aufgegeben, dass man sie achten, respektieren, geschweige denn mögen oder lieben wird. Wie ein Ertrinkender schlagen sie wild um sich. Aus ihrer Sicht sind die anderen schuld an ihrem Elend, daher ist ihr Motiv und Ziel, den anderen zu vernichten, er soll so leiden, wie man selbst leidet.	**Hass gegen sich selbst:** Diese Menschen haben sich innerlich selbst aufgegeben und setzen alles daran, dass auch die anderen sie aufgeben. Sie zeigen mit jeder Faser, dass bei ihnen nichts mehr zu holen ist, dass sie ein Volltrottel, ein Vollidiot sind. Sie finden und zeigen ständig Beweise ihrer Unfähigkeit, blocken alle noch so gut gemeinten Annäherungsversuche ab. Ihr Ziel ist erreicht, wenn andere sie aufgeben und sich nicht mehr weiter um sie kümmern.
✎ Kennen Sie Hassgefühle? Haben Sie in Gedanken vielleicht auch schon jemanden umgebracht oder ihm den Tod gewünscht?	✎ Kennen Sie Menschen und Situationen, bei denen sie sich so abschotten und dichtmachen, den anderen absolut nicht mehr an sich ranlassen? Kommen Ihnen Versager-Gedanken und die damit verbundenen Unfähigkeitsgefühle bekannt vor?

Diese altbekannten Strategien laufen automatisch ab, sie fühlen sich so verdammt vertraut und damit irgendwie richtig an, weil wir sie unser ganzes Leben lang so eingesetzt haben. Sie waren damals schon unsere Überlebensstrategien, und wir denken gar nicht mehr darüber nach, haben sie so oft eingeübt, dass wir gut darin sind. Tief in unserem Inneren wissen wir, ahnen, spüren wir, dass wir mit diesen Macht-Wipp-Strategien etwas Unschönes für uns selbst und den anderen erreichen, dass der Bumerang der Selbst-Entmutigung zu uns zurückkommen wird, ob wir wollen oder nicht. Wir kennen die Auswirkungen, die Folgen, die das Wippen auf uns hat. Wir können uns selbst immer weniger leiden, decken das Unwohlsein gerne mal mit Konsum, kurzfristigen

Vergnügungen zu oder, wenn es schlimmer wird, versuchen wir das doofe Gefühl mit Alkohol zu betäuben.

Doch es ist nicht das, was wir eigentlich erreichen möchten. Ich bin sicher, ich kenne Ihr Ziel:

Sie wollen mit Respekt behandelt werden.
Sie wollen den Konflikt souverän und mit Würde lösen können.

4. Neu denken, neu fühlen, neu handeln – Bessere Strategien als das Wippen um die Macht

»Es kommt nicht darauf an, was Dir im Leben begegnet – es kommt darauf an, was Du daraus machst.«
Alfred Adler

Aus Machtkämpfen aussteigen bedeutet in der Individualpsychologie: Nicht kämpfen und nicht nachgeben.

→ Wenn ich kämpfe, heißt das, ich respektiere, achte mein Gegenüber nicht.
→ Wenn ich nachgebe, verletze ich meinen Selbstrespekt, achte mich selbst nicht.

Gegenseitiger Respekt ist unabdingbar. Ich habe mich dafür einzusetzen, dass mein Gegenüber mir mit Respekt begegnet, darf nicht zulassen, dass er mich respektlos behandelt. Wenn ich davon überzeugt bin, dass alle Menschen gleichwertig – gleichwürdig – sind, wenn die Leiter bei mir nicht mehr senkrecht steht, sondern waagrecht liegt, dann gebe ich in einem Machtkampf nicht einfach nach.

Das ist sehr wichtig, denn im Laufe des Kapitels gebe ich Ihnen Methoden an die Hand, die höchstwahrscheinlich eher ungewohnt sind und bei denen sich möglicherweise hin und wieder ein »Warum sollte ich, warum immer ich?« meldet.

Sie sollen, brauchen, müssen gar nichts! – Sie, nur Sie allein entscheiden, und genau das ist der Clou bei der Sache: In dem Moment, wo Sie sich bewusst entscheiden, wie Sie jetzt mit sich und Ihrem Gegenüber umgehen wollen, können Sie das alte Programm, das automatisch abläuft, stoppen:

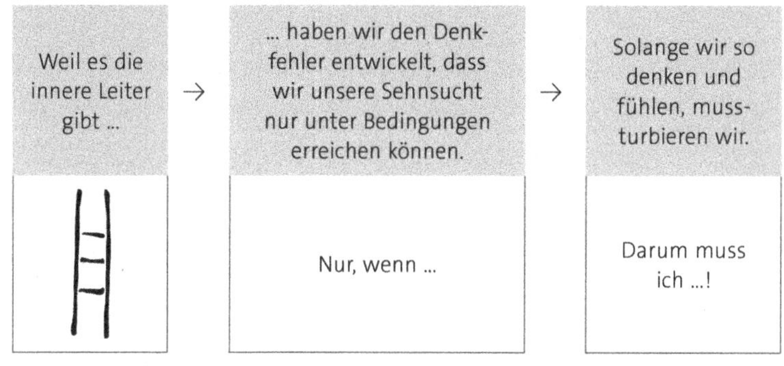

Doch Sie müssen nicht! – Sie haben immer eine Wahl. Wir alle sagen im Grunde ständig JA, NEIN oder HÄ? – Damit beziehen wir Stellung, auch wenn uns das nicht immer so bewusst ist. Es gibt nur diese drei Antwortmöglichkeiten:

- Wenn wir JA zu etwas sagen, stimmen wir zu. Gleichzeitig heißt ein JA zu einer Option NEIN zu anderen Optionen, die ebenfalls möglich gewesen wären.
- Sagen wir NEIN, folgen wir unserem inneren Widerstand, lehnen etwas ab oder ziehen eine Grenze.
- HÄ? kann heißen:
  Ich brauche weitere Information.
  Das irritiert mich gerade.
  Diese Sicht ist mir fremd.

»Ich kann mich nicht entscheiden« bedeutet: »Ich warte ab, ich lasse die Zeit oder den anderen entscheiden.« Und auch das ist eine Entscheidung.

Übrigens: Wer »Ja, aber« sagt, sagt JA und NEIN gleichzeitig, will Gas geben, steht aber auf der Bremse. Das macht auf Dauer krank. Wenn ich mit Klienten arbeite, die »Ja, aber« sagen – und das kommt ständig vor –, mache ich ihnen Mut, ihr gerade formuliertes »Ja,-aber«-Statement noch einmal in Ruhe zu überprüfen, damit am Ende ein klares Ja oder Nein steht.

Souveräner mit Autoritäten umzugehen, heißt im ersten Schritt, dass Sie bewusster agieren: Das aktuelle Autoritätsproblem löst Gefühle aus und damit verbundene Erinnerungen an früher. Doch die früheren Autoritäten sind nicht mehr zuständig, sie haben keinen Erziehungsauftrag mehr. Nun ist Selbsterziehung gefragt, und dafür braucht es das Erkennen, wenn das alte Muster anspringt – wenn die Macht-Wippe droht oder Sie bereits draufsitzen. Und eine klare Entscheidung, wie Sie im Hier und Jetzt damit umgehen möchten.

Wir können jederzeit ein RESET machen, im Sinne von neu über mich selbst, über andere, über das Leben, über die Welt denken. Dazu müssten wir allerdings unsere Psycho-Logik mit neuen Dateien überschreiben, und das ist nicht ganz so einfach, wie es klingt, denn unsere private Logik wird sich zunächst wehren, weil es neu und ungewohnt ist. Unser Gehirn ist effizient: Es mag das Bekannte, vermeintlich Bewährte. Es ist skeptisch, wenn etwas fremd ist.

4.1 Warum Sie JA sagen sollten zu Konflikten, vor allem zu Autoritätskonflikten

Wie bitte? Ich soll JA sagen zu meinem Problem mit Autorität oder mit diesem speziellen Typen, der mir so auf die Nerven geht? – Ja, das sollten Sie tun. Unbedingt sogar, da bei einem NEIN Folgendes passieren wird:

- *Das Problem bleibt dennoch bestehen:* Die Situation verändert sich nicht, nur weil Sie Nein dazu sagen.
- *Sie fangen an, gegen das Problem zu kämpfen,* und schaden sich selbst damit am meisten.

Ich möchte Sie zu einem anderen Weg ermutigen. Wie wär's mit dem Gedanken: »Was mich aufregt, wütend, hilflos oder traurig macht, das regt mich an, fordert mich auf, mein Gefühlsdatei-Archiv zu besuchen. Ich glaube, es ist mal wieder an der Zeit, mich damit zu beschäftigen.« Menschen, die in dieser Denkrichtung unterwegs sind, haben eine andere Sicht auf Probleme und Konflikte. Sie sehen darin eine persönliche Wachstumschance, nehmen die Herausforderung an, trainieren ihren Psycho-Muskel. Ja, den gibt es auch, und mir gefällt dieses Bild, dass wir durch Training psychisch immer stabiler und selbstbewusster werden.

Hier haben wir sie also: die gute Absicht von Autoritätsproblemen. Sie machen uns darauf aufmerksam, dass in einer Beziehung etwas Wesentliches fehlt. Die Autorität triggert etwas in uns, das wir bereits als Kind, als Jugendlicher vermisst haben. Damals wie heute möchten wir von Autoritäten respektvoll und gleichwertig behandelt werden und leiden, wenn das nicht der Fall ist. Nun können Sie natürlich weiterhin denken: *Dieser Depp ist schuld, dass es mir schlecht geht.* Oder Sie können ängstlich reagieren, sich wegducken, besonders lieb und nett sein. Doch Sie wissen nun, dass hier Ihre private Logik aus Kindertagen die Regie übernommen hat. Jeder Autoritätskonflikt stellt im Grunde eine Frage an uns, die sinngemäß so lautet:

Bist du bereit, dein Gegenüber gleichwertig zu behandeln?

Willst du so mit ihm umgehen, wie du es dir selbst für dich wünschst?

Nun lassen Sie Ihre Psycho-Logik nach einer Antwort suchen, und ich hoffe und wünsche Ihnen, es kommt ein klares JA heraus. Wenn Sie derzeit NEIN oder HÄ? sagen, ist das vollkommen in Ordnung.

Wir haben immer eine Wahl! – Und jede Wahl hat einen Preis und einen Gewinn

Die senkrecht stehende Leiter führt in altbekannte Kreisläufe, deshalb will ich Sie dafür gewinnen, die innere Leiter waagrecht zu legen. In der Welt, in die wir hineingeboren wurden, gab es leider diese Sichtweise der senkrecht gestellten Leitern, auf der immer nur eine Person Platz hat auf der Sprosse. Wir haben sie einfach übernommen, und deshalb wippen heute alle heftig und kräftig. Um idealerweise gar nicht erst auf die Macht-Wippe zu gehen oder sich dafür zu entscheiden, abzusteigen und eine für sich bessere Strategie zu fahren, gibt es drei Voraussetzungen:

- *Ich bin bereit, mich als Persönlichkeit annehmen (zu lernen), die von Geburt an okay ist.* Ich kann kein anderer Mensch werden – mein Gegenüber kann ebenfalls nicht einfach aus seiner Haut, weil jeder von uns seine Altlast mit sich trägt. Aber ich kann in mir selbst ein Gefühl der Zugehörigkeit entwickeln: Ich habe einen Platz auf dieser Welt, und die anderen auch.
- *Ich bin bereit, mein Verhalten, und damit gekoppelt, mein Denken über mich selbst und über andere zu hinterfragen.* Momentan basiert Ihre Psycho-Logik auf alten Dateien. Führen die zu Selbstzweifeln und Machtkämpfen, ist es Zeit, sie anzuschauen – in den Papierkorb zu verschieben, zu überschreiben oder neue Dateien anzulegen.
- *Ich höre auf damit, andere Menschen ändern zu wollen – und ihnen Grenzen zu setzen, wenn sie mich ändern wollen.* Wir haben nur Kontrolle über uns selbst, über das, was wir denken, wie wir fühlen und handeln. Unser Gegenüber bringt seine eigene Persönlichkeit mit, die wir nicht ändern können, da jeder von uns autonom entscheidet, was er tut oder nicht tut. Wenn Sie sich entschließen, nicht auf die Macht-Wippe zu gehen, verändert sich sofort die Dynamik zur Autorität. Es wird nicht weiter getriggert und gekämpft. Das können Sie vollkommen einseitig entscheiden – damit machen Sie sich unabhängig von der Autorität!

Doch eines sollten wir vorab noch klären: Es gibt nie nur die eine, die einzig richtige Wahl. Und jede Wahl hat ihre Konsequenz. Wenn ich Ja sage zur Lebenseinstellung der waagrechten Leiter, dann heißt das im Umkehrschluss, dass ich nicht mehr anderen oder den Umständen die Schuld zuweisen kann. Das ist unbequem, weil ich dann keine Alibis, keine Entschuldigungen und Rechtfertigungen mehr habe, sondern voll und ganz für mein JA oder NEIN die Verantwortung übernehme. Wir können nicht ein bisschen Ja und ein bisschen Nein sagen, denn wir können auch nicht ein bisschen schwanger, ein bisschen verheiratet sein oder ein bisschen Diabetes haben. Wir würden gerne nur die Vorteile genießen, den Gewinn vom Ja oder Nein haben und das Preisschild lieber ignorieren. Die Leiter waagrecht zu legen hat einen Gewinn und einen Preis. Die Entscheidung liegt bei Ihnen!

Gewinn und Preis, wenn Sie ein Löwe sind:

↓ Ihr Preis fürs neue Denken:	↑ Ihr Gewinn:
Sie ragen nicht mehr heraus aus der Masse, sind eine/r unter vielen, bekommen weniger Applaus und Bewunderung für Ihre Leistung.	Sie leben mit weniger Druck und Anspannung, weil Sie nicht mehr alles allein schaffen, nicht mehr als Erster im Ziel einlaufen müssen.
Die anderen stellen Sie und Ihre Sicht der Dinge immer wieder mal infrage, weil sie als gleichwertige Menschen den Mut dazu haben.	Die anderen schenken Ihnen freiwillig ihr Vertrauen, weil sie sich von Ihnen eingeladen fühlen, gemeinsam für gut befundene Ziele zu kämpfen.

Gewinn und Preis, wenn Sie ein Adler sind:

↓ Ihr Preis fürs neue Denken:	↑ Ihr Gewinn:
Sie werden Fehler zugeben, nicht mehr alles unter Kontrolle haben und mit den unangenehmen Überraschungen des Lebens zurechtkommen müssen.	Sie leben mit viel weniger Angst und Sorge, dass Sie zu wenig Sicherungen und Kontrollmechanismen auf dem Weg zur Perfektion eingebaut haben.
Die anderen werden Ihren Regeln nicht mehr anstandslos folgen, sie werden die Logik und den Sinn hinterfragen und Erklärungen von Ihnen wollen.	Die anderen wissen Ihre zuverlässige, ordnungs- und sicherheitsliebende Art zu schätzen, schenken Ihnen gerne und freiwillig ihr Vertrauen.

Gewinn und Preis, wenn Sie ein Chamäleon sind:

↓ Ihr Preis fürs neue Denken:	↑ Ihr Gewinn:
Sie werden mit Ablehnung und Zurückweisung leben müssen, man wird Ihnen manchmal Manipulation und schlechte Absichten unterstellen.	Sie leben mit viel weniger Angst vor Ablehnung, weil Sie sicher sind, dass es den anderen nur dann wirklich gut geht, wenn es zuerst Ihnen gut geht.
Die anderen werden Ihr Nett-Sein auf Echtheit prüfen, sie haben den Mut zu fragen, ob Sie geben, um zu geben, oder geben, um zu bekommen.	Die anderen nehmen Ihre Hilfe mit einem guten Gefühl an, da es nicht mehr gekoppelt ist mit der Erwartung von Dankbarkeit oder Gegenleistung.

Gewinn und Preis, wenn Sie eine Schildkröte sind:

↓ Ihr Preis fürs neue Denken:	↑ Ihr Gewinn:
Sie werden mit Verantwortung und dem damit verbundenen Druck leben müssen, weil es keine Alibis, Ausreden und Entschuldigungen mehr gibt.	Sie haben weniger Angst, mehr Mut und Selbstvertrauen. Sie sind belastbar, nehmen Ihr Leben in die Hand, sind Gestalter und kein Opfer mehr.
Die anderen werden Sie auffordern, aktiv zu werden, mitzumachen und Verantwortung zu übernehmen für alles, was Sie tun oder nicht tun.	Die anderen bemitleiden Sie nicht länger, sondern freuen sich mit Ihnen über jeden noch so kleinen Erfolg, den sie mit Ihnen zusammen feiern können.

Sie sehen: Es gibt einiges zu gewinnen! Doch jeder Gewinn hat eben seinen Preis. Es gilt auch bei der waagrechten Leiter das Credo: There is no free lunch – man bekommt im Leben nichts geschenkt.

Mut ist der Maßstab, wie aktiv Sie Ihr Leben gestalten möchten

In meiner Arbeit als Individualpsychologin ist Mut die zentrale Fähigkeit aller Menschen. Wir alle sind mutig auf die Welt gekommen, doch unser Mut wurde kleiner, wir wurden im Elternhaus, im Kindergarten und in der Schule mehr entmutigt als ermutigt. Warum das so war? Weil die Autoritäten von damals selbst stark entmutigt waren, ein niedriges Selbstwertgefühl hatten. Wie soll und kann man andere Menschen ermutigen, wenn man es selbst dringend brauchen könnte? Dies nur zur Erklärung, wie Mut und Entmutigung zusammenhängen. Entmutigung ist alles, was unseren Mut kleiner, geringer macht oder werden lässt. Daher heißt es, achtsam und wachsam sein, damit wir uns nicht selbst weiter entmutigen, unser Selbstwertgefühl und Selbstvertrauen schwächen, nur weil die früheren Autoritäten uns das so vorgelebt haben.

Die bisherige Dynamik mit Autoritäten, das Wippen um die Macht, die belastenden unangenehmen Gefühle – die Automatismen, die auf beiden Seiten ablaufen –, all das sind Folgen von erlebter Entmutigung mit dem Ergebnis, dass wir die Niederlage mehr fürchten, als wir den Erfolg uns wünschen.

Wenn wir Mut entwickeln wollen, brauchen wir vor allem Ermutigung. Alfred Adler bringt es ganz pragmatisch auf den Punkt:

Ermutigung ist die Erziehung zum Mut.

Hier ist sie schon wieder, diese Wahl, die wir als erwachsene Menschen treffen können. Wollen wir uns weiterhin selbst entmutigen, oder trainieren wir unseren Psycho-Muskel und praktizieren täglich Selbst- und Fremdermutigung?

Für mich war dieses einfach daherkommende Prinzip wie ein kleines Wunder, als es mir vor über 30 Jahren begegnet ist. Ich kann, darf, soll mich selbst ermutigen, und damit würden sich meine Beziehungen ändern in die Richtung, die für mich stimmt und passt? Ja, das geht, doch es ist tägliche Arbeit, wenn wir mehr Mut für uns selbst entwickeln und andere Menschen dabei unterstützen möchten, ebenfalls mutiger zu werden.

Hier einige Antworten, die mir Klienten und Seminarteilnehmer gegeben haben auf die Frage:

Was können andere Menschen für dich konkret tun, damit du mutiger und selbstbewusster wirst?

- auf mich zukommen, mich einladen mitzumachen
- mir zeigen, dass ich willkommen bin
- mich ernst nehmen
- mir zuhören
- offen sein
- mit mir reden
- mich achten und wertschätzen
- mich als Person wahrnehmen
- ehrlich zu mir sein
- echtes Interesse zeigen
- mich unterstützen bei Problemen und Anteil nehmen
- Meinungsverschiedenheiten zeitnah klären
- meine Stärken sehen
- sachlich bleiben – konstruktives Feedback geben

Wenn sich Menschen so begegnen, blühen wir alle auf.

Sie sehen, die tägliche Ermutigung – für uns selbst und für andere Menschen um uns herum – ist eigentlich ganz einfach:

Die waagrechte Leiter bedeutet
= wir begegnen uns gleichwertig

Im ganz normalen Alltag – mit den meisten Menschen um Sie herum – liegt die Leiter sowieso schon quer. Es gibt ein Miteinander. Sie arbeiten bestens zusammen, wertschätzen sich, haben Verständnis füreinander, unterstützen sich. Liegt die Leiter quer, haben Sie nicht den Eindruck, dass jemand über oder unter Ihnen steht. Es braucht keine Vergleiche, keiner bringt den anderen in Unterlegenheit, um sich selbst aufzuwerten.

Sie fühlen sich angenommen, auf Augenhöhe, selbstbewusst. Das heißt: Sie sind bereits sehr souverän im Leben! Sie haben also prinzipiell schon alles, was Sie brauchen, um, auch wenn es schwierig wird, souverän zu bleiben. In diesem Kapitel bekommen Sie von mir praxiserprobte Maßnahmen an die Hand, die Ihnen helfen können, mit sich selbst – und mit anderen – souveräner umzugehen, wenn Sie merken: »Ups, hier droht die Macht-Wippe.«

So bringen Sie sich von der Ohnmacht in die Eigen-Macht: ↓	Was. Kann. Ich. Jetzt. Dafür. Tun? – eine neue, bessere Strategie: ↓
... unangenehme Gefühle wahrnehmen, ohne sich mitreißen zu lassen	1. Was geht hier gerade ab und wie geht es mir damit?
... ungünstige »Ich-bin-...«-Dateien überschreiben	2. Was wird bei mir getriggert, worum geht es wirklich + was ist mein Ziel?
... eigene Ansprüche (»Ich sollte *so* sein/denken/handeln«) im Zaum halten	3. Aus der Perspektive des anderen sehen, hören, fühlen
... bewusster werden, worauf Sie die Aufmerksamkeit richten	4. Kack- oder Rosenbotschaft? – Ich entscheide!

Die gute Nachricht: Sie können an jedem dieser Bausteine ansetzen und erhöhen dadurch Ihre Souveränität! Sie brauchen noch nicht mal direkt mit der Autorität in Kontakt treten, um unabhängiger, selbstbewusster zu werden und damit Ihr Selbstwertgefühl zu verbessern.

4.2 So bringen Sie sich von der Ohnmacht in die Eigen-Macht

Sie haben sich intensiv mit Ihrer Psycho-Logik auseinandergesetzt, wissen, welche Bedingungen Sie für sich gestellt haben. Und Sie sind sich – anhand der Typologie »Adler, Löwe, Chamäleon und Schildkröte« Ihrer MUSS- und DARF-NICHT-Automatismen auf die Spur gekommen. Nun können Sie sofort damit beginnen, eine Menge dafür zu tun, um Ihr inneres Standing zu verbessern, sie bauen sozusagen Ihren eigenen »Autoritätsstatus« weiter aus. Allein dadurch stellt sich Ihre innere Leiter viel seltener senkrecht, Sie können Macht-Wippen-Einladungen leichter widerstehen und laden andere immer seltener zum Mitwippen ein.

Jetzt, wo Sie darangehen, Ihre Psycho-Logik sozusagen upzudaten, werden Sie feststellen, wie stark und wirkmächtig manche alten Dateien sind. Die möchten nicht gerne mit neuen Inhalten überschrieben oder gar ganz gelöscht werden. Das wird immer mal wieder zu Unsicherheit und Selbstzweifeln führen, ob Sie tatsächlich die gleiche Würde und den gleichen Respekt verdient haben wie die Autorität im aktuellen Umfeld. Je tiefer Ihr Selbstwertgefühl aktuell im Keller ist, desto zahlreicher werden alte »Ich-bin« / «Die-anderen-sind«-Dateien auftauchen, die ein klares und deutliches Nein von Ihnen brauchen.

Nehmen Sie unangenehme Gefühle wahr – ohne sich mitreißen zu lassen

Gefühle begleiten uns ständig. Doch sie fallen nicht einfach vom Himmel, sondern sind das Ergebnis dessen, was uns gerade triggert, woran wir gerade denken, was unsere Aufmerksamkeit fesselt. Einfacher gesagt: Wir erschaffen unsere Gefühle.

Weckt jemand alte Erinnerungen in uns, schwappen diese Gefühle hoch; je schmerzhafter sie sind, desto extremer haben wir damit zu kämpfen – denn entweder ziehen sie uns runter, machen uns defensiv und mutlos; oder sie sorgen dafür, dass wir innerlich Front machen und in den Angriff gehen.

Doch was ist, wenn Sie Ihre Gefühle künftig als Signal sehen können?

Gefühle wie Wut, Ärger, Angst, Traurigkeit, Scham und Schuldgefühle haben nämlich gute Absichten!

Ja, Sie lesen richtig. Auch unsere unangenehmen Gefühle meinen es gut mit uns. Deshalb ist es wichtig, sie nicht einfach weghaben oder wegmachen zu wollen! Tun Sie es doch oder haben Sie es schon getan, kennen Sie das Ergebnis. Die unangenehmen Gefühle werden intensiver, zahlreicher, und/oder unser Körper reagiert mit Symptomen, weil er nicht weiß, wohin mit dem ganzen Gefühlsschlamassel.

Lassen Sie uns darum die unangenehmen Gefühle gemeinsam ein wenig näher ansehen.

→ *Einerseits ist es wichtig, differenzierter wahrzunehmen, welches Gefühl genau Sie gerade spüren.* Damit schaffen Sie die Basis, das, was Sie gerade bewegt, ernst zu nehmen, und Sie können lernen, Gefühle eigenständig herunterzuregeln. Das ist eine zentrale Grundlage, um souverän handeln zu können. Dazu kommen wir noch.

→ *Andererseits möchte ich Ihnen noch deutlicher zeigen, dass auch »schlechte/negative/unangenehme Gefühle« zahlreiche Vorteile mit sich bringen. Jedes Gefühl motiviert uns, macht uns handlungsfähig. Werfen wir nun gemeinsam einen Blick auf bekannte Gefühle der Kategorie »unangenehm«.*

Wir sind irritiert, wenn ein Mensch sich anders verhält, als wir selbst es tun würden, wenn seine Meinung von unserer abweicht, er emotional anders auf Situationen reagiert als wir. Oft haben wir aufgrund unserer Sicht bereits feste Erwartungen – das berühmte »Der andere sollte …!«

Hier wippt noch nichts, das Gefühl, irritiert zu sein, bedeutet einfach nur HÄ? Wenn wir es schaffen, an dieser Stelle in einer neugierig-offenen Haltung zu bleiben, dann haben wir die Chance, immer öfter die Leiter quer zu legen. Machen wir nichts, sondern steigern uns entweder direkt weiter hinein – oder warten ab, bis uns das Verhalten des anderen so richtig beeinträchtigt, kommen unangenehmere Gefühle ins Spiel.

Etwa Ärger, Wut, Aggression: Wenn wir Ziele erreichen wollen, dann brauchen wir Energie, die uns zum Handeln bringt. Wir brauchen also bestimmte Gefühle, damit das mit der Zielerreichung auch klappt. Wut und Ärger sind solche Energielieferanten. Ich schmunzle manchmal über mich selbst, wenn ich mal wieder aus Frust darüber, dass etwas nicht nach meinem Kopf ging, meine Küchenschränke komplett ausräume und platzsparender einräume oder die Badfliesen schrubbe, einfach nur, weil ich genug Wut im Bauch habe, die raus will. Am Ende kommt sogar was Schönes raus, weil ich meine Ärger-Energie produktiv umwandeln konnte. Natürlich gelingt das nicht immer. Es ist ein Beispiel dafür, dass Ärger, Wut und Aggression Energie liefern, die wir sehr wohl umleiten können. Es ist an jeder Stelle unsere eigene Entscheidung, wie wir damit umgehen. Keine Sorge, Aggression endet nicht zwangsläufig in negativen Aktionen! Sie bekommen im Laufe des Kapitels noch praktische Werkzeuge an die Hand, damit Ihnen das künftig immer öfter gelingt.

Angst schärft blitzschnell all unsere Sinne. Wir sind aus dem Stand hellwach und präsent, alle unsere Sinne sind auf Dauerempfang geschaltet, selbst unsere Haarspitzen haben feinste Antennen nach außen gerichtet, um uns zu schützen. Stellen Sie sich vor, Sie gehen in der Nacht allein durch einen Park. Ihr Körper stellt Ihnen alles zur Verfügung, damit Sie heil am Ziel ankommen.

Es gibt oft die Mischung von Wut und Angst, und die ist hochexplosiv. Ein Beispiel: Unser Kind oder der Partner hat uns versprochen, zu einer vereinbarten Uhrzeit nach Hause zu kommen oder an einem vereinbarten Treffpunkt zu sein. Es ist 5 Minuten, 10 Minuten, 15 Minuten drüber, doch kein Kind, kein Partner ist in Sicht. Sie hören das Martinshorn, und Angst kriecht in Ihnen hoch. *Hoffentlich ist nichts passiert* = Angst-Gedanken + *Wie kann er mich nur so sitzen lassen, sich nicht an unsere Verabredung halten, immer wieder macht er das, er hat es doch versprochen, das ist gemein von ihm …* = Wut kocht hoch. Wir sind gefangen in einem Gefühlscocktail, der es in sich hat. Sehen wir die Person auf uns zukommen, ist die Angst schlagartig weg, doch die Wut wird sich entladen, wenn wir mit diesen wichtigen Signalen nicht konstruktiv umgehen.

Traurigkeit weist uns darauf hin, dass wir etwas verloren haben, das uns wichtig und wertvoll war. Wir sind nur dann traurig, wenn uns etwas fehlt, wir etwas verlieren, das für uns wichtig ist. Verlust und Trauer hängen also eng zusammen, doch es geht hier nicht, bzw. nicht nur, um den Verlust von uns lieben Menschen. Wird mein Lieblingsparfum aus dem Programm genommen oder habe ich den Kugelschreiber verloren, mit dem ich so gerne schreibe, macht mich das auch traurig.

Enttäuschung taucht nur auf, wenn wir uns getäuscht haben. Wir haben einen anderen Menschen, eine Situation – im Rückblick gesehen – falsch eingeschätzt. Die Ent-Täuschung sagt uns, dass es nun zu Ende ist mit der Täuschung, dass wir frei davon sind und weitergehen können auf der Straße unseres Lebens. Klar tun menschliche Enttäuschungen mehr weh als Dinge, die wir gekauft haben und wir feststellen mussten, dass sie nicht gehalten haben, was uns versprochen wurde. Doch es gehört zum Leben dazu, dass wir uns täuschen.

Schamgefühle erinnern uns daran, dass wir – im Moment, gerade eben – eine soziale Regel, etwas, das kulturell fest verankert ist, verletzt haben. Hier ein paar Beispiele für soziale Spielregeln, zu denen wir in unserer Kultur Ja sagen: In der Nase popeln nur, wenn man allein ist, in öffentlichen Toiletten die Tür abschließen, den Hosenschlitz geschlossen halten. Unser Körper kennt Schamgefühle und erinnert uns bei passender Gelegenheit an die soziale, kulturell anerkannte Regel.

Schuldgefühle entstehen dann, wenn wir tatsächlich schuldig geworden, heißt einem anderen Menschen Schaden zugefügt haben. Dieses Gefühl macht uns auf unsere Fehler und Schwächen aufmerksam, erinnert uns daran, dass wir dazu stehen und aktiv werden sollen. Unser Körper stellt auch hier die dazu notwendige Energie bereit. Wenn es einen Unfall mit Personenschaden gab, Alkohol oder Drogen mit im Spiel waren, fühlen wir uns schuldig, bereuen unser Tun und würden es gerne ungeschehen machen.

Bitte passen Sie auf, wenn andere Ihnen Schuldgefühle einreden wollen. Zum Beispiel, wenn Ihr Gegenüber Sie für seine Gefühle verantwortlich macht à la »Du bist schuld, dass ich jetzt so traurig bin« oder »Wenn du mich nicht immer so wütend machen würdest …«, denn damit sind wir im Reich der emotionalen Erpressung. Sie können – und sollten – nur dafür Verantwortung übernehmen, was Sie selbst kontrollieren und beeinflussen können.

Sie werden merken, dass es sich völlig anders anfühlt, ob Sie sich von unangenehmen Gefühlen einfach mitreißen lassen – oder ob Sie sich sagen: Ich bin gerade [wütend, traurig, ängstlich, enttäuscht, beschämt, fühle mich schuldig, …] *und* ich weiß, dass dieses Gefühl mir etwas sagen will: Unangenehme Gefühle weisen uns auf etwas hin, wollen uns vor etwas beschützen, liefern uns die dazu notwendige Energie, die wir brauchen, um motiviert genug zu sein, eine Veränderung anzupacken.

Löst eine Autorität solche unangenehmen Gefühle aus, merken Sie, dass hier etwas Altes in Ihnen getriggert wird. Sie bekommen dadurch die Chance, den Fokus darauf zu richten, worum es wirklich geht, anstatt um Verhalten oder Art der anderen Person zu kreisen.

Überschreiben Sie ungünstige »Ich-bin …«-Dateien neu

Im Kapitel 2 haben Sie sich mit einigen »Ich-bin«-Dateien auseinandergesetzt, mit Ihrem Selbstbild und Ihren »Nur-wenn-Bedingungen«. Sie erinnern sich:

- → Ich, [Ihr Name], fühle mich als Mensch nur wichtig im Sinne von gesehen und ernst genommen, wenn …
- → Ich, [Ihr Name], bin nur liebenswert, wenn …
- → Ich, [Ihr Name], bin nur bedeutend / etwas Besonderes, wenn …
- → Ich, [Ihr Name], gehöre dazu / habe einen Platz, wenn …

Haben Sie die Übung dort noch nicht gemacht, holen Sie sie bitte nach! Denn das Denken unter Bedingungen ist die Initialzündung für Ihre alten Muster, die Sie jetzt durchbrechen möchten.

»Ich bin …« sind die stärksten Worte überhaupt. Sie legen uns fest, damit identifizieren wir uns, das sind wir. Deshalb ist hier größte Vorsicht geboten! Ich empfehle meinen Klienten immer, sich selbst zuzuhören, wie sie den Anlaufsatz »Ich bin …« weiterführen, ob das wirklich stimmt oder ob hier was Altes am Werk ist.

Das Verhalten ist nicht die Person! Allzu oft setzen wir ein Verhalten mit unserer Identität gleich, und das ist etwas, das Sie sich schleunigst abgewöhnen sollten. Denn so ein pauschales »Ich bin so« ist nicht nur uns selbst gegenüber ungerecht – wir stempeln uns ab und tun damit gerade das, was wir anderen verübeln.

Je mehr Vor-Urteile wir über uns pflegen, desto stärker entmutigen wir uns. Wir betonieren ein inneres Bild, das wir dann erst mühsam wegsprengen müssen, wenn wir aus dem selbst erschaffenen Ohnmachts-Gefängnis raus in die Eigen-Macht kommen wollen.

Gleichzeitig bekommen wir damit eine vorzügliche Ausrede, weil wir vermeintlich nicht anders können. Wir sind überzeugt davon, dass wir diesen Stempel, dieses Etikett verdient haben, weil wir eben so sind. Wir geben uns damit selbst einen Freibrief im Sinne von: »Ist der Ruf erst ruiniert, lebt's sich gänzlich ungeniert!«

Eine großartige Nachricht Es ist ganz einfach, solche Pauschalurteile über sich zu korrigieren, indem Sie die Person vom Verhalten trennen.

Statt:		**formulieren Sie so:**
Ich bin ein Choleriker!	→	Ich habe eine cholerische Ader.
Ich bin eine Mimose!	→	Ich bin empfindsam.
Ich bin einfach ein Perfektionist!	→	Ich habe hohe Ansprüche an mich.
Ich bin ein Trampeltier!	→	Ich trete ab und zu in Fettnäpfchen.
Ich bin eine Zicke!	→	Ich zeige auch unangenehme Gefühle.
Ich bin ein Sturkopf, Rechthaber!	→	Ich bin meinungsstabil.

Das mag nur ein rhetorischer Unterschied sein, doch Sie werden merken, dass Sie komplett anders mit sich – und anderen – umgehen lernen, wenn Sie sich angewöhnen, hier wirklich eindeutig zu formulieren. Das wird gleich noch wichtig im Umgang mit der Autorität, mit der Sie Probleme haben.

Nehmen Sie künftig wahr, wenn Sie Ihre Selbstzweifel durch ein »Ich bin« manifestieren: Wir alle führen Selbstgespräche, und jeder Mensch – auch der selbstbewussteste – bewertet sich. Je intensiver negative Erfahrungen getriggert werden, desto harscher fallen diese Bewertungen aus, desto stärker ziehen wir uns selbst den Teppich unter den Füßen weg:

- Ich bin nicht gut genug!
- Ich bin zu schwach, zu müde, ich schaffe das nicht!
- Ich habe zu viel Angst davor!
- Ich bin sicher, es wird schiefgehen!

Solche Sätze kommen Ihnen wahrscheinlich bekannt vor. Es ist völlig normal, dass sich in unserem Leben immer mal wieder Selbstzweifel melden. Doch wie dieser innere Dialog weitergeht, das macht den Unterschied.

Stellen Sie sich vor, ein guter Freund oder Kollege kommt zu Ihnen und sagt: »Ich habe so Angst, dies und das zu tun, ich bin sicher, dass ich das nicht schaffen werde, ich bin ein Sensibelchen, habe schlichtweg nicht die Kraft, das durchzustehen!«

Würden Sie sagen: »Ja, stimmt! Das ist leider so. Einmal Loser – immer Loser. Am besten totstellen und schauen, was passiert?« Ganz bestimmt nicht, und doch erlauben wir uns selbst derlei Zuschreibungen und Abwertungen, die uns jeden Funken Mut nehmen. Seit Kapitel 1 wissen Sie, woher die harschen Worte tatsächlich kommen.

Damit Sie künftig gleich merken, dass hier ein altes Muster abläuft, lege ich Ihnen ans Herz, bei solchen Gedanken künftig STOPP zu sagen, interessiert hinzuschauen und sich zu fragen:

- Wozu sage ich mir das jetzt? Was erreiche ich damit?
- Und vor allem: Welches Ziel, welche Absicht verfolge ich, worauf läuft das raus?

So stoppen Sie das innere Zementieren eingeimpfter Unsicherheiten. Übrigens: Es hindert Sie niemand, sich ab sofort den Rücken zu stärken. Denn hier greift das »So tun als ob«. Sie können sich jederzeit sagen:

Ich bin wer, ich kann was, ich will was, ich werde was erreichen!

… nicht nur, wenn Sie sich gerade beim Selbstsabotieren ertappen. Sie können es sich zur Gewohnheit machen, beim Händewaschen, beim Zündschlüsselumdrehen oder bevor Sie einschlafen, sagen, wie stark/großartig/… Sie sind und dass Sie xy meistern werden.

Sie müssen es noch nicht mal glauben, dennoch blasen Sie sich damit Wind unter Ihre Flügel, anstatt sich selbst mit Teer zu übergießen.

Halten Sie das »Ich sollte so sein/denken/handeln« im Zaum! Wann immer wir im Clinch mit jemandem liegen, überlegen wir, was wir tun sollten – oder was wir hätten sagen/tun oder nicht sagen/nicht tun sollen. Das ist oft der Motor für die Gedankenmühle, die uns wieder und wieder einen alten Film vorspielt, manchmal jahrelang!

Nun ist es durchaus eine gute Sache zu reflektieren. Wenn das konstruktiv passiert, können wir einen Vorfall klarer sehen, analysieren, was passiert, und unser eigenes Verhalten einordnen. Bei Autoritätskonflikten sind die Vorzeichen allerdings ungünstig, denn hier kämpfen wir um die Gleichwertigkeit – und das bedeutet, dass wir mit dem, was in unseren Augen sein sollte, gerne übers Ziel hinausschießen. Sie wissen ja: Je größer die Kluft zwischen dem, was IST, und dem, was sein SOLLTE, desto heftiger geht es auf der Machtwippe ab.

Dass Sie sich dieses Buch gekauft haben, zeigt, dass Sie selbstverantwortlich handeln. Und gerade Menschen wie Sie, die ihren eigenen Anteil an Konflikten auch sehen, haben oft aus dem Stand heraus unrealistische Ansprüche an sich selbst.

Zwei Beispiele:

» *Marianne ist sehr emotional: Sie zieht sich Gefühle anderer rein, leidet mit, wenn es jemandem schlecht geht – und wenn sie jemand ignoriert oder schief von der Seite anredet, fühlt sie sich total abgelehnt. Dann weint sie viel und zieht sich zurück.*
Sie wirft sich vor: Ich sollte mir nicht alles so zu Herzen nehmen! Ich sollte ein dickeres Fell haben, eher wie eine Teflon-Pfanne sein, an der vieles runterläuft!

» *Georg gilt in seiner Abteilung als Kontrolletti. Er ist einfach sehr genau, überprüft lieber zweimal und hinterfragt in Meetings zigmal, auch wenn alle schon mit den Augen rollen, weil sie weitermachen wollen – nur weil er immer wieder auf Lücken hinweist, die noch nicht geklärt sind.*
Er denkt: Ich weiß, dass die Kollegen genervt von mir sind. Erst recht, weil ich eben doch oft Fehler aufdecke. Offenbar sollte ich mich nicht immer einmischen, auch wenn ich ein Problem sehe.

Dieses »Ich sollte« konfrontiert uns mit unseren Ansprüchen an uns selbst. Ist die Kluft zu groß zwischen dem, was wir über uns denken, wie wir sind, und dem, wie wir sein sollten, führt das zu unrealistischen Erwartungen an uns selbst. Wir fangen an, gegen das, was uns wichtig ist, was uns ausmacht, zu kämpfen, wollen anders sein, als wir sind. Doch damit tauchen wir immer tiefer in unseren eigenen Ohnmachtsspeicher ein.

Dennoch ist es großartig, dass Sie sich neue Ziele setzen, um Ihre Selbstwirksamkeit zu erhöhen. Doch das bringt nur etwas, wenn das »Ich sollte« machbar und hilfreich für das ist, was Sie weiterbringt.

Ich bin übrigens ein Fan von »keep it simple«: Darum habe ich in meiner Ich-bin-Datei die Sätze »Ich bin ein Mensch. Ich akzeptiere mich mehr und mehr. Ich gehe respektvoll mit mir und anderen um« eingebaut. Daraus ergibt sich automatisch mein Ich-sollte-Anspruch: »Ich sollte menschlich sein. Ich sollte mich mehr und mehr akzeptieren lernen, wie ich bin. Ich sollte respektvoll mit mir und anderen umgehen.«

Ich höre gerade Ihr HÄ? Und das soll simpel sein? Nein, einfach ist das nicht, das können Sie mir glauben. Doch da möchte ich hinkommen, und in Kombination mit dem »So tun als ob«, als wäre ich schon da, wird es tatsächlich immer leichter und leichter, diesem Ziel entgegenzuwachsen. Worauf warten Sie noch? Probieren Sie es aus!

Werden Sie sich bewusst, worauf Sie die Aufmerksamkeit richten

Wir alle haben uns von klein auf eine Grundüberzeugung vom Leben und der Welt gebildet – oder sie von Erwachsenen vermittelt bekommen (s. Kap. 2). Diese Grundüberzeugung sieht natürlich bei uns allen unterschiedlich aus, z. B.

- Eine Mittzwanzigerin sagt: »Ich habe von meinem Vater gelernt, dass das Böse immer gewinnt.«
- Ein junger Familienvater: »Das Leben ist Pflichterfüllung.«

- Eine 70-jährige Frau, die schon als Baby von ihrer Mutter weggegeben wurde, »wusste« ihr ganzes Leben lang, dass niemand sie will, sie früher oder später abgelehnt wird.

Wer davon ausgeht, das Leben ist … *ein Kampf, kein Zuckerschlecken, ein Jammertal, hart und grausam, kein Ponyhof,* … wird sich immer bestätigen, dass es so ist, weil unser innerer Radar darauf eingestellt ist. Taucht etwas in unserem Leben auf, das dazu passt, fängt es an zu blinken und zieht damit unsere volle Aufmerksamkeit an sich. Jetzt macht unser Gehirn fleißig seine Arbeit, aber leider verzerrt es unsere Wahrnehmung: Wir nehmen andere Aspekte weniger wahr oder glauben, dass sie nicht existieren. Wir alle haben die Tendenz, unsere Sicht der Dinge zu bestätigen. Dafür gibt es sogar einen Namen: *confirmation bias* – Bestätigungsfehler. Das bedeutet, dass wir Informationen so auswählen und interpretieren, dass sie bestätigen, was wir ohnehin denken und erwarten.

Wenn ich davon ausgehe, dass andere mich sowieso ablehnen werden, vermute und sehe ich überall Ablehnung. Wenn das Böse sowieso gewinnt, sehe ich verstärkt Hinterfotzigkeit und Intrigen. Unsere Weltsicht bestimmt unser Verhalten – und unser Verhalten spiegelt unsere Weltsicht wider. Gerade bei Autoritätsproblemen spielen negative Grundüberzeugungen eine Rolle, daher ist es hier besonders wichtig zu bemerken, worauf wir achten.

Das können Sie auf zwei Arten tun:

Bewusst wahrnehmen, worauf Sie Ihr Scheinwerferlicht richten: Im Alltag läuft vieles unbemerkt an uns vorbei, wir sind routiniert, die Dinge laufen. Doch bei bestimmten Vorkommnissen stellen wir die Ohren auf. Das sind Dinge, die wir selbst erleben oder die wir um uns herum mitbekommen. Vielleicht sitzen Sie mit einer Freundin im Café, und während diese fleißig erzählt, sind Sie abgelenkt, weil am Nebentisch eine Mutter ihr verzweifelt schreiendes Baby total ignoriert. Oder Sie sind schockiert, weil in einem Meeting ein Kollege den anderen abgekanzelt hat. – Nehmen Sie einfach mal im Alltag etwas bewusster wahr, worauf Sie besonders achten … oder notieren Sie abends, was

Ihnen vom Tag besonders im Kopf geblieben ist. Einfach nur, um zu merken, worauf Ihr Fokus liegt.

Neugierig werden, wenn Ihnen eine andere Weltsicht begegnet: Um den eigenen Scheinwerfer zu vergrößern, hilft es, sich an anderen zu orientieren. Damit meine ich nicht, dass Sie die Sicht anderer übernehmen oder gut finden, was diese so meinen oder tun. Es geht einfach nur darum wahrzunehmen, was Sie bisher eher ausblenden. Die Welt da draußen ist immer größer, als wir sie sehen. Darum ist es ganz schön erhellend, was es noch so alles gibt.

Drei Anregungen:

- *Sie beobachten etwas, das Sie wahnsinnig stört oder das Sie unmöglich finden, aber die betroffene Person scheint das nicht so zu empfinden.* Nehmen wir das Beispiel mit dem Kollegen, der im Meeting aus Ihrer Sicht abgekanzelt wird. Anstatt den anderen zu verteufeln oder zu mutmaßen, wie es dem armen Kollegen jetzt gehen muss, könnten Sie nachfragen, wie er die Situation empfindet. Wichtig dabei: Auf Neugier schalten und ehrlich interessiert sein, was Ihr Gegenüber sagt. So erweitern Sie Ihr Repertoire, welche Sichtweisen und Überzeugungen es noch gibt – gerade weil Sie beide die gleiche Situation erlebt haben.
- *Jemand erzählt oder interpretiert etwas völlig anders.* Im Gespräch mit Kollegen oder im Privatleben bei Familie und Freunden tauschen wir Erlebnisse und Meinungen. Oft mündet das in ein »Ich sehe das anders« oder »Warte erst mal, was mir passiert ist«: Jeder schildert seine Sicht, will den anderen vielleicht sogar davon überzeugen. Schalten Sie hier künftig immer mal auf Zuhören, fragen Sie interessiert nach, ohne die eigene Meinung in den Mittelpunkt zu stellen. Denn das, was Sie meinen, wissen Sie ja bereits.
- *Im Alltag den Scheinwerfer schwenken.* Wenn Ihnen im Alltag etwas negativ auffällt – im Café, im Zug oder im Kaufhaus –, dann schwenken Sie Ihre Aufmerksamkeit zusätzlich woandershin. Haben Sie miterlebt, dass im Supermarkt jemand die Kassiererin rüde ignoriert hat? Dann nehmen Sie auch wahr, dass die nächsten Kunden aufmerksam grüßen oder sich bedanken. Sind Sie darauf fokussiert,

dass der blöde Nachbar schon wieder seine Tür geknallt hat? Dann nehmen Sie auch wahr, dass die anderen Nachbarn ihre Tür rücksichtsvoll zumachen.

Es geht nicht darum, eine rosarote Brille aufzusetzen. Es geht darum wahrzunehmen, was sonst noch so um uns rum ist – nicht nur das, worauf wir uns einschießen. Auch das korrigiert ungünstige Überzeugungen in Ihrer Psycho-Logik, ohne dass Sie viel dazu tun müssen!

Woran Sie die waagrechte Leiter bei sich selbst bemerken:
Liegt die Leiter, pflegen wir einen guten Umgang mit uns, erziehen uns liebevoll selbst, hören auf, uns klein zu machen und ständig zu bewerten, ob wir besser oder schlechter sind. Wir tun dann einfach das, was wir gut können. Schauen, wo wir einen Beitrag leisten wollen, was gerade die Situation erfordert – wenn wir es können, dann machen wir das einfach. Ohne vorher zu überlegen, ob wir dafür Lob und Anerkennung bekommen. Das Schielen nach Lob heißt, ich habe die Leiter noch senkrecht stehen, oder das Denken wie »Bin ich besser, habe ich bessere Ergebnisse als mein Kollege?«
Bei liegender Leiter bleiben wir bei uns selbst: *Ja, ich habe mein Bestes gegeben, das, was mir im Rahmen meiner Möglichkeiten HEUTE möglich war.*

4.3 Was. Kann. Ich. Jetzt. Dafür. Tun? – eine neue, bessere Strategie

Dem bisherigen Verhalten mit Autoritätsproblemen liegt folgendes Prinzip zugrunde:

Meine Datei, mein Bild, das ich vom anderen habe, gefällt mir nicht. Das beeinträchtigt mich und löst unangenehme Gefühle aus. Ich sage Nein zu meinem Gegenüber – die Person sollte anders sein, als sie ist. Ich weiß genau, wie sie sein sollte, was sie tun oder nicht tun sollte.

Dieses Denken führt schnurstracks auf die Macht-Wippe: Denn all das liegt nicht in Ihrem Kontrollbereich. Darum ist es ein hoffnungsloses Unterfangen, an diesem Ziel wird jeder scheitern. Hier rennen wir gegen die Wand, holen uns blaue Nasen – und doch tun wir es immer wieder oder versuchen es zumindest.

Sie können den anderen nicht ändern. Sie können Ihre Erwartungen und das, was Sie für richtig halten, dem anderen nicht aufzwingen. Und das ist gut so! Denn sonst müssten auch wir uns den Ansprüchen und Sichtweisen anderer Menschen beugen.

Erwachsene Menschen ändern sich nur freiwillig, nicht wenn sie von anderen unter Druck gesetzt werden oder den Eindruck haben, sie sollten (in unseren Augen) anders sein, als sie sind.

Hier können Sie ansetzen. Es ist Ihre Entscheidung, ob Sie in Ihre Psycho-Logik ein neues Programm aufspielen – und wann Sie es einsetzen möchten.

Das neue Programm folgt dem Dreiklang:

→ Ich **will** souverän mit Autorität umgehen.

→ = Ich bringe die nötige Bereitschaft, Energie und Motivation mit, um gleichwertig und mit Respekt den nächsten Kontakt zu gestalten, für mein Anliegen einzutreten.

→ Ich **kann** souverän mit Autorität umgehen.

= Ich habe das Wissen, die Fähigkeiten und den Mut, den es dazu braucht, mit im Gepäck. Ich habe in der Vergangenheit bereits positive Erfahrungen gesammelt und weiß, dass ich es kann.

→ Ich **werde** souverän mit Autorität umgehen.

= Ich beobachte und denke nicht mehr nur, sondern komme ins Tun: Ich werde mutig, souverän und selbstbewusst diese Herausforderung annehmen und in meinem Sinne handeln.

Bevor wir uns genau anschauen, wie das praktisch aussieht, zücken Sie bitte den Bleistift …

Selbst-Check: Wie souverän sind Sie bereits? – Denk-Muster souveräner Menschen

Kreuzen Sie an, was Sie bereits verinnerlicht haben oder wo Sie merken: Hey, hin und wieder gelingt es mir auch, so zu denken.	**Ja!** Habe ich ver-inner-licht	**Finde ich auch!** Denke ich immer öfter
Ich bin ich selbst und verstelle mich nicht – what you see is what you get.	☐	☐
Ich bin gut zu mir.	☐	☐
Ich stehe zu mir und meinen special effects, meinen Macken und Besonderheiten.	☐	☐
Ich habe Talente und Fähigkeiten und darf diese auch zeigen.	☐	☐
Ich kenne meine Stärken und meine Schwächen.	☐	☐
Ich bin bereit, aus meinen Fehlern zu lernen.	☐	☐
Ich bin nicht auf der Welt, um Erwartungen anderer zu erfüllen.	☐	☐
Andere Menschen sind nicht auf der Welt, um meine Erwartungen zu erfüllen.	☐	☐
Ich behandle andere Menschen mit Respekt und erwarte das auch von anderen.	☐	☐
Shit happens – das Leben ist ein Auf und Ab und nicht immer fair.	☐	☐
Ich habe ein Recht auf meine Meinung – der andere auf seine »Deinung«.	☐	☐
Ich setze Grenzen und achte die Grenzen meines Gegenübers.	☐	☐
Ich will andere für mein Ziel, mein Anliegen gewinnen, will sie einladen, mit mir zusammen gemeinsame Sache zu machen.	☐	☐

Kreuzen Sie an, was Sie bereits verinnerlicht haben oder wo Sie merken: Hey, hin und wieder gelingt es mir auch, so zu denken.	**Ja!** Habe ich verinnerlicht	**Finde ich auch!** Denke ich immer öfter
Ich akzeptiere Dinge, die geschehen sind, richte meine Aufmerksamkeit auf den Moment und darauf, was ICH JETZT TUN kann.	☐	☐
Ich richte meinen Blick bewusst auf das Gelungene, das Schöne, das Gute.	☐	☐
Ich nehme mich und meine Gefühle ernst, doch nicht übermäßig wichtig.	☐	☐
Ich übernehme die volle Verantwortung für mein Tun und mein Lassen.	☐	☐
Ich bin Gestalter meines Lebens und nicht Opfer der Umstände.	☐	☐

Machen Sie den Selbst-Check alle paar Monate, dann sehen Sie Ihre Fortschritte schwarz auf weiß, bemerken, wie Sie immer souveräner werden.

Bei der waagrechten Leiter übernimmt jeder für sein Tun und Lassen die Verantwortung. Weil Sie aber den anderen nicht steuern oder ändern können, ist es wichtig, dass Sie wissen, wofür Sie in einer Beziehung verantwortlich sind und wofür nicht. Gehen wir schrittweise durch, wie Sie jedes Autoritätsproblem künftig selbstbestimmt angehen können:

Sie können zu allen vier Schritten PDF-Formulare herunterladen:

Hier geht's zur Downloadseite www.beziehungspunkte.de/macht-wippe:

1. Was geht hier gerade ab und wie geht es mir damit?

Als Ausgangsbasis dienen uns die Fragen zum Auslöser, die Sie am Ende des zweiten Kapitels kennengelernt haben.

Sie notieren sich, um wen es geht,

- was die Person tut

  und

- was das mit Ihnen macht.

Seien Sie ruhig emotional, bewerten Sie, lassen Sie sich aus – denn Sie möchten ja erkennen, warum Sie das so sehr angreift. Sehen wir uns beispielhaft einen Vorgesetzten an, der von Tuten und Blasen keine Ahnung hat. Wenn Sie nur neutral hinschreiben: »Mich stört, dass meine neue Chefin lauter Anweisungen und Vorschläge macht, obwohl sie sich noch gar nicht auskennt«, erkennen Sie gar nichts.

Doch wenn Sie unzensiert hinschreiben, was Sie tatsächlich empfinden, fällt das eindeutig aus:

»*Die neue Chefin sollte lieber mal den Rand halten mit ihren ganzen Änderungen und »Vorschlägen«: Die kommt aus einer anderen Branche und weiß nicht, wie es läuft. Aber anstatt sich erst mal ordentlich einzuarbeiten und uns zu fragen, die schon lange da sind, reißt sie das Maul auf und bringt nur Unruhe rein. Von der Mehrarbeit gar nicht zu reden.*

Es könnte aber auch so klingen:

»*Meine neue Chefin will andauernd was ändern und bombardiert mich mit Vorschlägen – vieles haben wir schon gemacht, anderes geht bei uns gar nicht. Ich bin total gestresst, weil ich das Gefühl habe, ich komme gar nicht mehr hinterher und ich müsste halt noch flexibler sein. Immer wenn ich Einwände bringe oder frage, ist die Chefin ungeduldig und schaut mich missbilligend an.*

Darum ist es so wichtig, dass Sie im ersten Schritt wirklich frisch von der Leber weg schreiben. Sieht ja keiner außer Ihnen!

Steht die Leiter senkrecht, verharren wir in dieser Phase: Wir kreisen um das, was der andere tut oder tun sollte – und reagieren mit den alten Mustern, die angreifend-aggressiv ausfallen (wenn der Adler oder Löwe in uns aktiv ist) oder passiv-resignierend (bei Schildkröte oder Chamäleon).

Sie können sich jetzt dafür entscheiden, bei sich näher hinzusehen:

2. Was wird bei mir getriggert, worum geht es wirklich + was ist mein Ziel?

Beim Blick in die eigene Psycho-Logik erkennen Sie, welche früheren Erfahrungen sich melden beziehungsweise was daran Sie wirklich so stört (oder sogar belastet).

Hier wird es richtig spannend, denn wie Sie wissen, haben wir ganz verschiedene Psycho-Logiken. Darum kann dieselbe Ausgangsbasis vollkommen unterschiedliche Ergebnisse haben.

Im ersten Beispiel mit der neuen Chefin haben wir einen Mitarbeiter, dem es wichtig ist, dass man sich erst orientiert, ein klares Bild macht, Kompetenz erwirbt. Einfach so hudeln und unüberlegt zu sein, bringt in seinen Augen nichts. Für ihn ist es wichtig, sich erst ein Fundament zu schaffen und darauf basierend zu handeln.

Im zweiten Beispiel werden Selbstzweifel getriggert: Die Angst, in den Augen der neuen Chefin nicht gut genug zu sein oder sogar einen schlechten Eindruck zu machen. Die Sorge, nicht offen genug und veränderungsbereit zu sein.

Wenden wir uns einem Klassiker im privaten Bereich zu: dem Haushalt, stellvertretend für alle anderen Zwistigkeiten, dient uns die Spülmaschine. Die Ausgangslage:

» *Mein Mann macht mich wahnsinnig mit seinem Feldwebeltum! Als ob man eine Spülmaschine falsch einräumen könnte! Geschirr soll sauber werden. Ziel erreicht. Mir geht es wirklich auf den Sack, dass er dauernd an mir rumkrittelt und sogar demonstrativ umräumt, als ob ich zu blöd wäre, eine verdammte Spülmaschine einzuräumen.*

Die Antwort, was getriggert wird und worum es wirklich geht, kann auch so ausfallen:

» *Ich lasse mir nicht bieten, dass mein Mann so oberlehrerhaft mit mir redet, schließlich bin ich kein kleines Kind! Und vorschreiben lasse ich mir sowieso nichts. Der kommt mir grad vor wie mein Vater, dem konnte ich auch nie was recht oder richtig machen. Doch ich weiß ja, wo das hinführt, wenn ich nicht klein beigebe, wird es nur noch schlimmer, dann versaut er mir den ganzen Tag.*

Sie sehen an meinen kurz angerissenen Beispielen, dass es ein wahrer Augenöffner ist, wenn wir hinter den eigentlichen Vorfall sehen und forschen, worum es in dem Konflikt wirklich geht. Sie kommen damit Ihren Altlasten immer mehr auf die Spur, sehen klarer, dass es Entmutigungs-Programme sind, die im Hintergrund laufen.

Ihr Gegenüber beeinflusst Sie, doch es bestimmt nicht über Sie! Und das ist die beste Nachricht, die Sie kriegen können, denn es gibt Ihnen das, was wir uns alle wünschen: Selbstwirksamkeit. Sie können unabhängig von der anderen Person entscheiden, was Sie jetzt tun möchten. Will ich streiten, will ich gewinnen, will ich recht haben, will ich meine Angst nicht spüren, will ich meinen Wert beweisen oder will ich Frieden schließen, …? Über Ihr Ziel, Ihre eigene Absicht kann kein anderer Mensch bestimmen, das ist ganz allein Ihre Entscheidung – und Ihre Verantwortung!

Sie müssen kein Engel sein. Sie können jederzeit in einem Autoritätskonflikt entscheiden: Ich möchte recht haben! Ich möchte den anderen »drücken«. Das ist Ihre Entscheidung. Wenn wir genau hinterfragen, worum es uns geht, was unsere wirklichen Bedürfnisse sind, dann wünschen sich fast alle Menschen Respekt, Gleichwertigkeit und ein gutes Miteinander.

Sie erinnern sich an den ITler Markus, der mit dem Vertriebsleiter im Clinch liegt, weil dieser ständig Aufträge heranholt, ohne vorab mit der Technik zu klären, welche Termine realistisch sind. Alles, was Markus möchte, ist, exzellente Arbeit abzuliefern. Schauen wir also hinter seine Strategie, den Vertriebler vor dem Chef auflaufen zu lassen und ständig mit ihm rumzustreiten, dann ist das das Letzte, was Markus tatsächlich will. Denn die ständigen Streitereien sind seiner Arbeitsauffassung nach Unfug, der zusätzlich Zeit, Fokus und Energie stiehlt. Schafft Markus es also zu schauen, was sein eigentliches Ziel wäre, dann kommt er zu anderen Ergebnissen:

»*Da mir eine einwandfreie Arbeit und qualitative Ergebnisse total wichtig sind, würde ich in einer idealen Welt gerade mit dem Vertrieb Hand in Hand arbeiten. An mir würde es nicht liegen! Aber ich will rechtzeitig gefragt und nicht abgebügelt werden, sondern auf meine Vorbehalte soll eingegangen werden.*
Ehrlich gesagt: Wenn es mal zeitlich eng ist oder technisch anspruchsvoller, dann wäre das unter anderen Vorzeichen ja sogar ein Ansporn, also eine positive Herausforderung für mich.

Wenn Markus herausfindet, was ihn eigentlich stört und was er idealerweise gerne hätte, dann schafft er für sich erst die Voraussetzung, dass er zukünftig eine bessere, zieldienlichere Entscheidung trifft. Ob er nach wie vor sagt: »Ja, ich will dem Vertriebsleiter zeigen, dass er Schwachsinn verspricht!«, oder ob er sagt: »Mein Ziel mit dem Vertriebsleiter ist, dass wir gemeinsam für den Kunden arbeiten – und dazu braucht es Unterstützung und Zusammenarbeit beider Abteilungen.« Dieses Auf-den-anderen-Zugehen, auch wenn es erst mal nur in Gedanken ist, kann ein ganz schön schwieriger erster Schritt sein:

Nehmen Sie sich jetzt Ihr aktuelles Autoritätsproblem vor und kreuzen Sie bitte ganz ehrlich sämtliche Statements an, die treffen, was Sie möchten. Sie können auch widersprüchliche Aussagen ankreuzen!

Das mit dem Ehrlichsein ist sehr wichtig, denn das sind keine rhetorischen Fragen, es gibt keine »richtigere«, bessere oder politisch korrekte Antwort. Worum geht es Ihnen in diesem aktuellen Konflikt?

Ich will:

☐ recht haben	oder	☐ mir wichtige Werte vertreten
☐ kämpfen	oder	☐ gemeinsam Ziele erreichen
☐ Feind sein	oder	☐ Mitmensch sein
☐ manipulieren	oder	☐ überzeugen
☐ Opfer der Umstände sein	oder	☐ Gestalter meines Lebens sein
☐ überlegen sein	oder	☐ gleichwertig sein
☐ der Star sein	oder	☐ meine Talente zeigen und leben
☐ aus Angst heraus handeln	oder	☐ souverän sein und bleiben
☐ belohnt werden	oder	☐ geben, um zu geben
☐ gemocht, geliebt werden	oder	☐ mit Respekt behandelt werden
☐ einseitigen Respekt	oder	☐ beidseitigen Respekt
☐ Kontrolle + Sicherheit	oder	☐ Vertrauen + kalkulierbares Risiko
☐ handeln, weil ich muss	oder	☐ weil ich mich dafür entschieden habe
☐ abwarten, bis der andere sich bewegt	oder	☐ selbst bereit zum ersten Schritt sein

Wir haben immer die freie Wahl! Elementar ist allerdings, dass wir zu unseren Entscheidungen stehen, sie hinterher nicht mit »hätte ich doch …« oder »ja, aber« … selbst kaputt machen oder abwerten.

Holen Sie sich fiktive Verstärkung, um Ihr wahres Ziel zu erkennen!
Es ist ganz großartig, dass Sie zu diesem Buch gegriffen haben. Sie möchten von sich aus Autoritätsprobleme lösen, künftig immer mehr für sich und Ihre Bedürfnisse eintreten. So richtig in die eigene Psycho-Logik einzutauchen, dann auch noch unter erschwerten Bedingungen gedanklich anders auf oft ätzende Situationen zu schauen, das ist in Eigenregie gar nicht so leicht. Darum stellen Sie sich jemanden vor, dem Sie vertrauen, der Sie gut kennt, mit Ihnen durch dick und dünn geht. Das kann eine frühere Autorität sein, die Sie sehr wertschätzen, weil sie Sie voll und ganz akzeptiert, gut zuhört und hilfreichen Rat gibt. Falls Ihnen niemand in den Sinn kommt, erfinden Sie die Person kurzerhand, die wie ein guter Geist in der Flasche rufbereit und stets zu Diensten ist.
Erzählen Sie diesem guten Freund alles, was Sie in Bezug auf das aktuelle Autoritätsproblem beschäftigt. Welche Gefühle und Gedanken Sie umtreiben, welches Ziel Sie verfolgen, wer und wie Sie gerne sein möchten, was in Ihren Augen souveränes Verhalten wäre. Dann stellen Sie Ihrem Freund die Frage, was er Ihnen raten würde: Was ist das eigentliche Motiv dahinter, welches Ziel wäre angenehmer, erstrebenswerter? Selbst wenn es nur ein fiktiver innerer Dialog ist, ist das oft extrem hilfreich, weil wir neutraler, wohlgesonnener und konstruktiver denken, als wenn wir im Streit-, Hass- oder Verletzungsmodus sind.

3. Aus der Perspektive des anderen sehen, hören, fühlen

Jetzt kommt der ungewohnte Schritt, bei dem sich eventuell sogar innerer Widerstand meldet. Das ist in Ordnung! Hier geht gerade eine Menge ab, vielleicht hat sich die Beziehung schon über längere Zeit negativ entwickelt, oder die andere Person geht Ihnen vollkommen gegen den Strich. Es wird immer Menschen und Situationen geben, auf die wir uns nicht einlassen wollen, mit denen wir lieber weiter wippen möchten. Wie gesagt: Sie können jederzeit sagen: Ja, Nein oder Hä?

Ich lade Sie zu einem *Hä?* ein. Lesen Sie sich den nächsten Schritt einfach einmal durch, dann haben Sie mehr Informationen für eine eindeutige Entscheidung.

Wenn wir die waagrechte Leiter, die gleichwertige Sichtweise auf uns und andere anstreben, braucht es unsere Bereitschaft, die Welt aus der Perspektive unseres Gegenübers sehen zu wollen. Adler hat dafür den Begriff *Gemeinschaftsgefühl* geprägt, und seine Definition lautet: »Mit den Augen des anderen sehen, mit den Ohren des anderen hören und mit dem Herzen des anderen fühlen.«

Klingt wunderbar, doch da gibt es ein Problem, denn sogar, wenn wir bereit sind, uns in andere hineinzuversetzen, gehen wir in Wirklichkeit von uns selbst aus:

- Was ich denke, denken die anderen auch.
- Was ich fühle, fühlen die anderen auch.
- Was mir Angst und Sorgen macht – ängstigt, fürchten die anderen auch.
- Was ich will, erhoffe, erwarte – wollen, erhoffen, erwarten die anderen auch.

Diese Denkfehler führen zwangsläufig zu Missverständnissen aller Art. Wir meinen es scheinbar so gut mit dem anderen. Wir planen z. B. seine Geburtstagsfeier, wollen ihn überraschen, ihm eine große Freude machen. Und sind am Ende bitter enttäuscht, weil der andere Mensch ganz andere Vorstellungen hatte. Wir selbst hätten uns gefreut über diese Form von Geburtstagsfete und gingen stillschweigend davon aus, dass unser Gegenüber genauso tickt wie wir.

Ein Klassiker ist das »silent treatment«: Wenn einer sich weigert, mit dem anderen zu reden – gerne begleitet durch demonstrative Körpersprache –, und damit deutlich macht, dass der andere sich falsch verhalten hat. Wird die schweigende Person gefragt: »Was ist denn?«, reagiert sie heftig und sauer. Innerlich reingesteigert kam sie stillschweigend zu dem Schluss: »Wozu fragt er noch? Er weiß doch ganz genau, womit er mich so verletzt hat!«

Wir schließen von uns auf andere, verallgemeinern damit unsere private Logik und tappen immer wieder in diese vier Denkfallen. Dabei vergessen wir, dass jeder Mensch seine eigene Welt im Kopf hat, sich im Laufe seines Lebens sein ganz persönliches Denk-, Fühl- und Handlungssystem aufgebaut hat. Missverständnisse sind also vorprogrammiert, wenn wir davon ausgehen, dass unser Gegenüber alles genauso sieht und fühlt wie wir.

Das Nachfragen, wie der andere die Sache sieht, wird oft vergessen, vor allem in akuten Konflikten. Wenn ich nicht davon ausgehen kann, dass meine Interpretation der Sache die gleiche ist wie die meines Gegenübers, kann ich tun, was ich mir vermutlich selbst wünsche: Ihn fragen, wie er die Sache sieht, wie es ihm damit gerade geht. Das kann ganz schön Mut erfordern! Doch auch, wenn Sie sich nicht trauen – oder innerlich sperren –, auf den anderen zuzugehen: Allein, dass Sie sich dessen bewusst sind, nützt Ihnen, den Konflikt zu lösen.

Selbst wenn Sie den anderen nicht darauf ansprechen möchten, macht es einen Unterschied, wenn Sie den Versuch machen, sich in ihn hineinzuversetzen. Dass Sie beispielsweise bei der neuen Chefin sehen: Die ist in einer ganzen neuen, für sie fremden Umgebung. Sie verhält sich vielleicht so, wie sie es in der alten Firma gewohnt war. Möglicherweise ist sie unter Druck, weil sie schnelle Ergebnisse liefern soll, damit sie demonstrieren kann, dass sie richtig an dieser Position ist, damit sie die Probezeit besteht. Vielleicht glaubt sie, sie müsse als Chefin alles wissen und will sich durchs Nachfragen keine Blöße geben … – auch wenn das alles nur Spekulationen sind, verändert sich Ihr Gefühl allein dadurch, dass Sie überhaupt wahrnehmen, dass es jede Menge nachvollziehbare Beweggründe, Motive und Gefühle geben kann, die gerade aufseiten des anderen abgehen.

Wenn ich den anderen als Mit-Menschen sehe anstatt als Kontrahenten, schaffe ich die Basis dafür, die Leiter querzulegen. Dabei hilft etwas, das ich Ihnen vorhin schon vorgestellt habe: Das Entkoppeln des Verhaltens von der Person:

Das ist zwar nur ein gedankliches Konstrukt, denn der Mensch tut ja ganz offensichtlich etwas, doch es fällt mir dann leichter, hinter dem Verhalten den Menschen zu sehen (mit seiner ganz eigenen Psycho-Logik, seinen Nur-wenn-Bedingungen, seinen Ängsten …). Damit wird es für mich leichter, ihn als meinen Mit-Menschen sehen zu können, der sich – in dieser Situation, in diesem Moment – ungünstig verhält, *meinem* Ziel (menschliches Miteinander) quasi im Wege steht.

Wenn ich dazu Ja sagen kann »Das ist ein Mensch wie ich« kann ich gleichzeitig »Nein« zu seinem Verhalten sagen: Damit muss, kann und will ich nicht einverstanden sein!

Diese Ent-Kopplung ist gleichzeitig wieder eine Ent-Scheidung. Ich trenne etwas, das vorher zusammengeschweißt war. Dieses Trennen von Mensch und Verhalten ist in meiner Arbeit etwas ganz Zentrales.

Der andere hat etwas getan, das Ihnen nicht gefällt/das Sie verletzt oder beeinträchtigt, doch deshalb ist er noch lange kein Unmensch, kein Chaot, keine Zicke, kein Ignorant, kein Gefühlslegastheniker und kein blödes Arschloch.

Das ist auch unter dem Gesichtspunkt wichtig, dass mit solchen inneren Beschimpfungen nur unsere unangenehmen Gefühle weiter hochkochen und der innere Rollladen runtergeht. Darum verbessern Sie *für sich* bereits die Situation, wenn Sie sich abgewöhnen, den anderen abzustempeln und zu beschimpfen.

Miteinander reden, in Kontakt sein – wofür Sie im Miteinander, in der Kommunikation verantwortlich sind und wofür nicht: Auch wenn ich Ihnen ans Herz lege, die Welt mit der Brille des anderen zu sehen, gilt: Sie sind nicht verantwortlich für die beim anderen ausgelösten

Gefühle! Wir wissen es nie im Vorfeld, haben es nicht in der Hand, wie unsere Worte oder unser Verhalten beim anderen ankommen, da er seinerseits alles gemäß seiner privaten Psycho-Logik bewertet und interpretiert. Hier ist für diejenigen von uns die Falle aufgestellt, die in der Kindheit mit Schuldgefühlen, schlechtem Gewissen machen groß wurden. Wir fühlen uns auch als Erwachsene oft schuldig, wenn der andere weint. Hier spüren selbst hartgesottene Löwen und Adler ihren Chamäleon-Anteil, wollen helfen, trösten, doch wissen nicht wie.

Tränen sind ein Ausdruck von emotionaler Betroffenheit. Unser Körper produziert Tränen, doch sie sind immer auch Mittel zum Zweck, wir setzen sie zielgerichtet ein, auch wenn uns das nicht immer bewusst ist. Doch wir haben auch die Verantwortung für unsere Tränen, sie gehören zu uns und nicht zum anderen, genauso wie unsere Wut, unsere Angst zu uns gehört. Wenn Sie mal wieder weinen, fragen Sie sich:

- *Wozu* weine ich gerade?
- *Wobei* helfen mir die Tränen? *Wozu* will ich mein Gegenüber veranlassen?

Sie wissen: Traurigkeit ist ein Signal. Hier vier Möglichkeiten:

Bin ich traurig, weil mir etwas Wichtiges fehlt, weil ich einen Verlust zu verkraften habe, weil ich gerne in den Arm genommen werden möchte und mich nicht traue, es direkt zu sagen, dass mir jetzt Trost guttun würde.

Oder:

Bin ich innerlich so wütend und zornig, dass ich in die Tischkante beißen, vor Wut zu heulen anfange, weil die Dinge nicht so laufen, der andere nicht so macht, wie ich will. Damit habe ich dann das letzte Wort, das mir so wichtig ist, in Tränen ausgedrückt.

Oder:

Bin ich innerlich so sehr berührt, von so großer Dankbarkeit und Demut erfüllt, dass meine Augen überlaufen. Weil mir die Worte fehlen, weine ich. Das sind Tränen der Rührung, die jeder von uns kennt, doch nicht jeder zeigt sie, schon gar nicht öffentlich. Diese Tränen führen oft zum Miteinanderweinen, sie sind genauso ansteckend wie ein geteiltes Lachen.

Oder:

Bin ich innerlich in großer Anspannung, Angst und Sorge, dass die Situation eskalieren wird, dass mein Gegenüber nicht von mir ablassen, mich immer weiter beschimpfen, anklagen und mir Vorwürfe machen wird. Dann kommen Tränen der Angst in die Augen, verbunden mit der Hoffnung, dass sie mein Gegenüber zum Aufhören bringen, weil er sonst eine soziale Regel verletzt: Man tritt nicht noch drauf, wenn einer am Boden liegt.

Das ist eine sehr differenzierte Beschreibung, wozu Tränen – oft unbewusst – eingesetzt werden. Sie verfolgen wie jedes Verhalten ein Ziel, wollen etwas beim anderen erreichen. Warum ist das wichtig? Weil Sie damit von jeglicher Verantwortung freigesprochen sind, Sie nicht schuld sind, wenn Ihr Gegenüber anfängt zu weinen oder in Tränen ausbricht.

Sie haben damit also nichts zu tun, es ist die Reaktion Ihres Gegenübers auf irgendwas, das Sie getan oder nicht getan, gesagt oder nicht gesagt haben: Es hat ihn traurig, aggressiv, berührt oder ängstlich werden lassen. Umgekehrt ist das natürlich genauso, wenn Sie mit Tränen reagieren auf etwas, das Ihr Gegenüber gesagt, getan oder eben nicht gesagt, getan hat, dann war das Ihre Re-Aktion auf einen Auslöser, etwas, das Ihnen naheging. Doch schuld ist der andere daran nicht.

Damit kommen wir zu unserer Verantwortung im Miteinander, vor allem in der Kommunikation. Wir sind zuständig für alles, was in unserer Macht und damit in unserer Kontrolle liegt. An erster Stelle stehen hier unsere Ziele und Absichten, die Motive, die unser Handeln leiten. Sie sind eng verknüpft mit unserem Gewissen, wenn wir das befragen und ehrlich zu uns selbst sind, dann finden wir sehr schnell heraus, was wir beim anderen erreichen wollten. Wenn wir die Absicht haben, dass der andere durch unsere Aktion Angst bekommen, wütend oder traurig werden, sich hilflos oder ausgeliefert fühlen soll, dann werden wir dieses Ziel mit der senkrecht gestellten Leiter schnell und mit wohlvertrauten Strategien auch erreichen. Wir müssen dann nur genügend Kack-Botschaften senden und sehen am Ergebnis, an dem, was rauskommt am Ende, ob wir erfolgreich waren oder nicht. Wie gesagt: Sie können das tun, doch Sie haben immer die Wahl zwischen Kack-Botschaft oder Rosen-Botschaft, wie ich die Kommunikationswege zwischen Menschen gerne nenne.

Rosen-Botschaften fallen ermutigten Menschen am einfachsten, sie wollen ihr Gegenüber nicht abwatschen, sondern aufbauen und Mut machen. Auch hier sehen wir das Ergebnis sofort. Wir beobachten einfach nur, wie unsere Worte beim anderen ankommen. Fühlt sich der andere besser als noch einen Moment zuvor, dann kam unsere Aktion als Ermutigung an, wenn nicht, hat er unsere gute Absicht leider fehlinterpretiert. Doch das gehört zu ihm, zu seiner privaten Psycho-Logik, das hat nichts mit uns zu tun. Unsere Absicht liegt innerhalb unseres Kontrollbereichs, wie es ankommt leider – oder glücklicherweise – nicht.

»*Ein Paar kommt von der Arbeit nach Hause, sie will Interesse an ihm und seiner Arbeit zeigen, fragt freundlich, ohne Unterton: »Na, Schatz, wie war dein Tag heute?«*
Er antwortet ärgerlich und kopfschüttelnd: »Sag mal, musst du mich immer kontrollieren, bin ich dir Rechenschaft schuldig?«
Und jetzt wird's spannend. Sie hat eine Rosenbotschaft gesendet, wollte Anteil nehmen an seinem Leben, doch er hat es als Kontrollfrage aufgefasst, bei ihm ist das offensichtlich ein Trigger für ein Alt-Programm, das automatisch läuft, sobald irgendwas in Richtung »kontrolliert werden« geht. Wie geht sie jetzt damit um, ist die spannende Frage. Sie kann jetzt wieder entscheiden. Sendet sie ihrerseits nun eine Kack-Botschaft zurück, weil … wenn der mir so kommt, dann … Oder bleibt sie in ihrer Haltung und sendet weiterhin Rosenbotschaften, z. B. »Oh, das war nicht meine Absicht, dich kontrollieren zu wollen, doch es kam wohl so an …«

Autoritätsprobleme sind keine Einbahnstraße = hier sind zwei beteiligt. Sie wissen aber auch: Zum Wippen gehören beide. Wenn einer davon sich dazu entschließt, die Leiter waagrecht zu legen, klappt es nicht mehr mit der Wipperei – nun geht es nämlich nicht länger ums Kräftemessen und Vergleichen, sondern um Fortschritt. Darum, dass sich die Situation für alle verbessert. So schließt sich der Kreis, denn von Anfang an streben wir danach, unsere Lage zu verbessern. Damit kommen wir zum spannendsten und kniffligsten Teil – dem Tun.

	Kackbotschaften bekommt niemand gerne:
→	Wir haben dann das Gefühl, wir bekommen extra eine reingewürgt, da will uns jemand gezielt treffen, traurig, wütend, hilflos machen, uns auf »unseren Platz« verweisen, isolieren, ausgrenzen, ein schlechtes Gewissen machen ... uns »eine mitgeben«. Eine Kack-Botschaft entmutigt den Empfänger, und für den Sender gilt: Je entmutigter er ist, desto größer und zahlreicher sind die Kack-Haufen, die er losschickt – oft sind sie untermalt mit passendem Tonfall, Mimik, Gestik.
	Rosenbotschaften nehmen wir alle gerne und mit Freude an:
→	Rosenbotschaften sind keine Lobhudelei, sondern klar und direkt, durchaus Klartext! Sie sprechen aus, was für sie wichtig ist, bleiben bei sich selbst, greifen den anderen nicht an und haben keinerlei Absicht, dass es dem anderen irgendwie schlecht gehen soll. Im Gegenteil, sie möchten den anderen ermutigen, ihn aufbauen, seinen Mut vergrößern. Solche Botschaften gehen uns dann am leichtesten über die Lippen, wenn wir selbst genügend Mut und Selbstvertrauen haben. »Rosen« bedeutet nicht, um den Brei herumzuschleichen, etwas schönzureden, zu beschwichtigen oder kleinzureden. Es heißt lediglich, dass wir für eine respektvolle Handschrift sorgen, wenn wir etwas senden, was aus unserer Sicht als Rosenbotschaft ankommen soll. Bekommen wir eine Rosenbotschaft, fühlen wir uns ernst und wahrgenommen. Selbst wenn ein Inhalt unerfreulich ist, können wir ihn gut annehmen, wenn er in spürbar guter Absicht (eine Lösung, kein Angriff) und entsprechendem Ton rübergebracht wird.

Es könnte so einfach sein – wenn wir Menschen nicht alles interpretieren würden. Die verflixte Psycho-Logik färbt, wie wir etwas hören, und bei Autoritätskonflikten sind die Gefühle ausschlaggebend, wie der jeweils andere etwas versteht. So kann bereits eine kleine Ursache eine große Wirkung haben, die das Wippen startet und immer wieder neu anstößt. Das ist im persönlichen Gespräch schon schwierig, noch schlimmer aber wird es schriftlich.

»*Angelika wundert sich, dass sie schon seit Wochen auf ihr Preisangebot wartet, und hakt bei der Sachbearbeiterin nach. Diese schreibt zurück: »Ich habe Ihre E-Mail leider nicht bekommen.« Angelika antwortet: »Danke, dass Sie sich melden. Komisch, dass die Mail nicht angekommen ist, ich hatte mich über Ihr Kontaktformular auf der Website gemeldet und die Bestätigung bekommen, dass es geklappt hat.«*
Wenige Minuten später kommt eine aufgebrachte E-Mail der Sachbearbeiterin, wie Angelika ihr unterstellen könne, dass sie lügt … – Die Sachbearbeiterin hatte die Bemerkung als Kackbotschaft wahrgenommen, während Angelika lediglich darauf aufmerksam machen wollte, dass sie das Webformular überprüfen sollten, weil möglicherweise auch andere E-Mails nicht ankommen.

Wir sind innerhalb der Beziehung sehr wohl dafür verantwortlich, ob wir dem anderen bewusst eine sog. Kack- oder Rosenbotschaft senden. Und es ist auch zu 100 % unsere Sache, wie wir *interpretieren*, was jemand sagt oder tut.

Hausmeister Franz hat sich für eine glasklare Kack-Botschaft entschieden, als er den riesigen Karton aus dem Altpapiercontainer gefischt und seinem Chef demonstrativ auf den Schreibtisch gestellt hat. Franz wollte auf die Macht-Wippe, und vielleicht möchte er mit diesem speziellen Chef auch gerne weiterhin wippen – wenn sein Handeln ganz bewusst eine Provokation nach der anderen ist, weil er diesem Chef bei jeder Gelegenheit deutlich machen will, dass er ihn nicht anerkennt, kann er das tun. Seine freie Entscheidung!

Doch wenn der Hausmeister sich eigentlich wünscht, dass er selbst wertgeschätzt wird, dass sich alle – auch die da oben – an Regeln halten, die für alle gelten, wäre es im eigenen Interesse, eher eine Rosenbotschaft zu senden. Den Karton zu zerkleinern und zur Sekretärin des

Chefs zu gehen, um mit ihr darüber zu sprechen, dass der Altpapierkarton immer viel zu schnell voll ist, weil Schachteln nicht gefaltet werden, welche Folgen das hat (Container zu schnell voll, Kartons werden danebengestellt, was den Außenbereich des Hotels vermüllt wirken lässt) und dass er gesehen hat, dass jetzt mehrfach schon Kartons für die Geschäftsführung dabei waren. Und sie fragt, ob sie sich kümmern oder ob er selbst mit dem Chef sprechen soll.

Ist das ein Garant, dass der Chef die Kartons zerkleinert? – Keineswegs. Aber unser Hausmeister hat mit dieser Rosenbotschaft dafür gesorgt, dass er selbst nicht überreagiert. Er hat den »Dienstweg« eingehalten, indem er mit der Sekretärin zuerst gesprochen hat. Der Chef fühlt sich also in diesem Stadium nicht in seinem Status bedroht, hat also keinen Grund, die Leiter senkrecht zu stellen.

Vielleicht meldet sich innerlich eine Stimme, weil Sie das dumpfe Gefühl haben, dass Sie hier einseitig »der bessere Mensch« sein sollen (wobei mit dieser Einstellung die Leiter schon wieder senkrecht stehen würde): Immerhin gehören zu einer Beziehung ja immer zwei. *Selbst, wenn ich Beziehungen künftig so sehe oder das ermöglichen möchte – was mache ich, wenn der andere sich querstellt? Was, wenn andere mich ständig zum Wippen herausfordern? Was, wenn der andere nicht an einem Miteinander interessiert ist, wenn ihm Respekt am Allerwertesten vorbeigeht?*

Genau da sind wir bei der Wahlfreiheit, die wir alle haben:

Sie treffen eine Entscheidung – das ist Ihre Verantwortung.
Der andere trifft seine Entscheidung – das ist seine Verantwortung.

Sie können jederzeit tun und lassen, was Sie wollen! Sie sind nur für sich und Ihr Verhalten verantwortlich, nicht für das Verhalten des anderen. Anders gesagt:

Ich bin für mein Ping verantwortlich und dafür, wie ich auf das Pong vom anderen re-agiere. Ich kann – will – werde – mich jedes Mal neu entscheiden (dürfen, können, müssen), wie ich die Reaktion des anderen pariere. Ich kann dazu nur mein eigenes Gewissen befragen: Wozu habe ich so gehandelt in dieser Situation? War es ein Ausdruck meiner eigenen Entmutigung? Dann lohnt sich mal wieder der Besuch in meinen alten Gefühlsdateien und den damit verbundenen Strategien.

Wir sind allerdings sehr wohl für unsere Reaktion auf die Reaktion des anderen verantwortlich! Um das Beispiel von eben noch kurz fortzuführen: Kundin Angelika kann sich entscheiden, der Sachbearbeiterin eine Rosenbotschaft zu senden, indem sie mit einem »Ups, Verzeihung, da haben wir ein Missverständnis ...« reagiert, sie kann aber auch auf den aufgebrachten Tonfall aufspringen und ihrerseits gekränkt darauf reagieren, dass die Sachbearbeiterin ihr unterstellt, dass sie lügt. Und schon wären beide auf der Machtwippe!

Sie entscheiden, was Sie senden und wie Sie damit umgehen, was Sie bekommen. Sie sind nicht für die Gefühle und das Handeln des anderen verantwortlich: Wenn der andere schreit oder weint oder sich emotional ausdrückt, liegt der Ball wieder in unserem Spielfeld, und wir sind aufgefordert, unserem Ziel gemäß zu handeln. Es geht dann nicht mehr zu sagen: *Wegen dem/der anderen war ich so.* Oder: *Wenn die mir so blöd kommt, dann braucht sie sich nicht wundern.*

Andere Menschen können wir nicht ändern. Daher ist es günstig zu denken: Ich erlaube dem anderen, den Umständen, so zu sein, wie sie sind. – Es ist meine Entscheidung, und damit liegt es in meiner Verantwortung, wie ich darauf reagiere. Meinen Klienten empfehle ich gerne die folgende Übung:

Übung: Die unsichtbare Kamera

Anstatt direkt in den bisherigen Denken-Fühlen-Handeln-Kreislauf zu geraten, empfehle ich Ihnen, die unsichtbare Kamera mitzuführen, die alles festhält, was ihr vor die Linse kommt. Das Objektiv ist schwenkbar, hält alle Interaktionen fest zwischen Ihnen und der Autorität. Der Auslöser ist dauerhaft gedrückt, damit ja kein Moment verloren geht. Es sind alles Einzelbilder, Momentaufnahmen, die Ihnen zeigen, worauf Sie gerade Ihre Aufmerksamkeit richten. Nicht mehr und nicht weniger.

Es braucht Ihr aktives Nichts-Tun: Sie bewerten, beurteilen, verurteilen, interpretieren nicht, suchen keine Erklärungen oder Entschuldigungen, sondern bleiben im Kamera-Beobachtungsstatus. So ist der Status Quo,

so ist es und so akzeptiere ich es – für den Moment. Ich weiß aus eigener Erfahrung, wie schwer es mir fällt, Ja zu sagen zu Situationen, die mir nicht gefallen. Wie oft stehe ich im Stau und denke erst mal: »Oh nein, nicht schon wieder!« Doch ich weiß genau, dass mich dieses Nein zu etwas, das im Moment so ist, wie es ist, nicht weiterbringt. Deshalb liebe ich meine »Is-so«-Tasse, die mich täglich dran erinnert, dass ich bei jedem »Nein, das will ich so nicht haben« die unsichtbare Kamera einschalten sollte. Ich kann mir dann nämlich selbst dabei zusehen, wie sich meine Körperhaltung, Mimik und Gestik in dem Moment verändern, wenn ich anfange dieses »Is-so« zu interpretieren. Ich kann genau beobachten, wie ich meine Gefühle produziere, sehe sie in mir aufsteigen und in welche Richtung sie gehen (wütend, traurig, ängstlich, hilflos).
Die unsichtbare Kamera gibt Ihnen eine unzensierte Rückmeldung, worauf Sie Ihr Augenmerk richten. Sie entscheiden, ob und wie lange Sie dabei verweilen möchten. Sie können entscheiden, worauf Sie fokussieren, was Sie näher heranzoomen, was auf Abstand halten. Damit sind wir wieder bei der Selbstwirksamkeit. Wenn Sie sich nicht einfach so von Gefühlen überfluten lassen, die dann das Ruder übernehmen, sondern beobachten, worauf Sie Ihre Aufmerksamkeit richten und welche Gefühle das auslöst, können Sie diese Gefühlsstellschraube auch verändern: Anstatt Gefühle hochkochen zu lassen, können Sie sie runterregulieren. Dann fällt es auch leichter, immer öfter Rosenbotschaften zu senden.

Sehen wir uns an, wie das mit den Kack- und Rosenbotschaften praktisch aussehen kann:

Die Sache mit der Spülmaschine

In den ersten beiden Schritten haben Sie sich damit auseinandergesetzt, was Sie am anderen stört/nervt/belastet, und haben dann ermittelt, worum es tatsächlich geht. Beides haben Sie frisch von der Leber weg notiert, z. B.: *Ich lasse mir nicht bieten, dass mein Mann so oberlehrerhaft mit mir redet, schließlich bin ich kein kleines Kind! Und vorschreiben lasse ich mir sowieso nichts!*

Es ist sehr wichtig, das für sich klar zu haben. Doch wenn Sie aus dieser Stimmung heraus handeln, werden Sie das dem anderen um die Ohren hauen, senden ihm sozusagen eine Kackbotschaft. Daher lohnt es sich, eigene Erkenntnisse wahrzunehmen, gleichzeitig darauf zu achten, wie Sie sie rüberbringen.

Und hier haben Sie jetzt wieder verschiedene Möglichkeiten.

Eine davon sind die Ich-Botschaften, die Sie bestimmt kennen:
Sie sagen dem anderen, wie etwas bei Ihnen ankommt und was es mit Ihnen macht – allerdings ohne Vorwurf, Unterstellung oder Angriff.

»Ich finde es schlimm, dass wir uns ständig wegen der Spülmaschine in die Haare bekommen, und habe überlegt, warum ich immer so gereizt reagiere. Dabei ist mir klar geworden, dass es mir gar nicht um die Spülmaschine geht, sondern dass ich mich gemaßregelt fühle, als ob über mich bestimmt wird – auch wenn du das sicher gar nicht so meinst.«

Sie können sich auch fürs Nachfragen entscheiden:
»Ist dir aufgefallen, dass die Spülmaschine ein Dauerthema bei uns ist und dass wir uns regelmäßig den Abend damit versauen? – Für mich ist die Spülmaschine einfach ein Gerät, über das ich mir nicht groß Gedanken mache. Aber ich merke, dass dir das richtige Einräum-System dabei sehr wichtig ist. Es interessiert mich wirklich. Warum ist das so?«

Wenn Sie ehrlich interessiert sind, merkt der andere, dass die Spülmaschine nur ein Trigger für etwas anderes ist (dass es Regeln gibt, dass Ordnung im Leben wichtig ist, dass man die Dinge richtig machen muss, dass die eigene Meinung zählt, nicht übergangen oder ständig ignoriert wird …).

Vielleicht sagt Ihr Partner auch nur: »*Es ist mir einfach wichtig. Mach's doch mir zu Liebe!*«

An jeder Stelle des Dialogs entscheiden Sie wieder, wie Sie darauf reagieren möchten. Dadurch brechen Sie mit den bisherigen Automatismen. Jetzt können Sie anders – und kreativer – rangehen, weil Sie lockerer werden, wenn Sie die Sache nicht einfach nur mit sich machen lassen, sondern in die Hand nehmen.

Beispielsweise kann dabei auch ein Kompromiss herauskommen: *»Was hältst du von der Idee: Wir schreiben unsere Namen einzeln auf Post-ITs und kleben sie auf die Tür der Maschine. Der Name, der dranhängt, füllt sie nach seinem System, wenn er den Knopf drückt, kommt der Zettel weg als Signal: Du bist dran mit deinem System.«*

Der störende Seminarteilnehmer

Erinnern Sie sich an den Teilnehmer aus Kapitel 3, der während des Unterrichts laut piepend auf seinem Handy tippte? Die Trainerin ging physisch ganz nahe hin und bat ihn, damit aufzuhören. Der Teilnehmer hat Blickkontakt aufgenommen, gleichzeitig weitergetippt und herausfordernd gesagt: *»Ich mache gar nichts!«* – Mit dieser Kackbotschaft hat er eingeladen, die Macht-Wippe zu betreten.

Wenn bei der Trainerin damit etwas getriggert wird (*»Ich werde nicht anerkannt, wenn ich mich jetzt nicht durchsetze, verliere ich den Respekt der ganzen Gruppe!«, »Der meint wohl, mit mir kann er so umspringen!«*), pariert sie ebenfalls mit einer Kackbotschaft – auf die der Teilnehmer dann entsprechend einsteigen wird. Bestenfalls bleibt bei dieser Art von Kackpingpong das Problem weiterhin bestehen, im schlimmsten Fall eskaliert es – die Gefahr, dass der Trainerin die Situation entgleitet und sie sich im Affekt tatsächlich respektlos benimmt, ist gegeben.

Doch was wäre, wenn sie trotz des unmöglichen Verhaltens mit einer Rosenbotschaft antwortet? Sie könnte sehr souverän und überraschend sagen: *»Ich sehe, Sie haben sich gerade entschieden, auf dem Handy zu tippen. Wir brauchen Konzentration, und ich möchte gerne mit dem Unterricht fortfahren. Was genau hindert Sie, meiner Bitte, das Handy wegzulegen, nachzukommen?«*

Jetzt liegt es am Teilnehmer, wie er auf dieses Ping antwortet. Die Trainerin hat ihm die Vorlage gegeben, ohne das Gesicht zu verlieren einzulenken. Vielleicht aber kommt erneut eine Kackbotschaft. Dann ist das so. Dann liegt der Ball erneut bei der Seminarleiterin, die ihrerseits wieder die Entscheidung trifft, welche Botschaft sie senden will.

Der Vordrängler im Supermarkt

Im Supermarkt drängelt sich jemand wie selbstverständlich vor, weil er gleich noch wohin muss. *Ich darf doch!*

Sie können jederzeit Nein sagen. Sie können auch ganz bewusst eine Kackbotschaft senden, wenn Ihnen danach ist. Solange Sie sich dessen bewusst sind:

»Nein! Sie dürfen nicht vor – glauben Sie wirklich, dass Ihre Zeit wertvoller ist als meine?«

Oder Sie können auf die lange Schlange hinter sich blicken und sagen: *»Es wäre unfair, wenn ich Sie vorlasse, denn alle anderen warten genauso. – Aber wenn Sie von hinten her jeden Einzelnen fragen, ob er Sie vorlässt, und alle einverstanden sind, lasse ich sie auch vor!«*

4.4 Was mache ich, wenn ich mit jemandem schon länger wippe?

Es ist sehr wahrscheinlich, dass einige der Autoritätsprobleme, die Sie derzeit beeinträchtigen, schon länger bestehen und ein wenig verfahren sind:

- Vielleicht wippen Sie mit einer Person in Ihrer Arbeit oder im Privatleben bereits heftigst und können – oder wollen – gerade so gar nicht die innere Bereitschaft aufbringen, dafür zu sorgen, dass es anders wird.
- Vielleicht hat das, was bisher passiert ist, bereits verbrannte Erde hinterlassen: Weil der andere sich in einer Weise verhalten hat, die übergriffig ist (oder es noch immer tut). Oder Sie haben jetzt gemerkt, dass Sie sich im Kampf um die Macht indiskutabel verhalten haben.
- Vielleicht ist der andere so furchtbar für Sie, dass Sie überhaupt nicht interessiert sind, irgendetwas für ein besseres Miteinander zu tun – aber Sie wollen trotzdem von der Macht-Wippe runter, damit Sie nicht ständig anstrengend im Clinch liegen. Sie möchten ihrerseits absteigen, eine Grenze oder einen Schlussstrich ziehen.

In all diesen Fällen greift dieselbe Strategie, nur dass Sie einen näheren Blick auf die aktuelle Situation und Ihre Beziehung werfen:

Was kann/will/werde/ich/jetzt/dafür/tun, dass sich die Situation verbessert?			
1. Was geht hier gerade ab und wie geht es mir damit?	2. Was wird bei mir getriggert, worum geht es wirklich + was ist mein Ziel?	3. Aus der Perspektive des anderen sehen, hören, fühlen.	4. Kack- oder Rosenbotschaft? – Ich entscheide!

Nehmen wir die Chefin, die getreu dem Motto »neue Besen kehren gut« alles Mögliche verändern will, die Vorschläge macht, die entweder superbanal sind oder nicht praktikabel – die sich aber weder einarbeitet noch die langjährigen Mitarbeiter fragt. Der Mitarbeiter sitzt nun bereits einige Wochen mit ihr auf der Wippe und lässt keine Gelegenheit aus, ihr zu demonstrieren, dass er sie nicht ernst nimmt, weil sie aus seiner Sicht von Tuten und Blasen keine Ahnung hat. Er hat ihre Anweisungen nicht ausgeführt oder eigenmächtig so weitergemacht wie bisher, zeigt mit seiner Mimik deutliches Missfallen – kurz: die beiden tauschen fleißig Kackbotschaften aus.

Von sich aus wird sich diese Situation nicht bessern. Im Gegenteil: Wenn es so weitergeht, verhärten sich die Fronten immer mehr. Doch wenn einer der beiden absteigt, verändert sich diese Dynamik! Wie gesagt: Zum Wippen gehören immer zwei.

Wie könnte das Absteigen aussehen?

Der, der absteigt, stellt seine Kackbotschaften ein – oder reduziert sie: Seien wir ehrlich – gerade wenn wir mit jemandem auf »Krieg« gepolt sind, ist es ganz schön schwierig, aus dem damit verbundenen Denken-Fühlen-Handeln-Kreislauf auszusteigen. Doch wenn Sie sich aus freien Stücken und eigenem Interesse dazu entscheiden, haben Sie auch die Bereitschaft und Motivation dazu. Das ist das Schöne an der waagrechten Leiter: In dem Moment, wo Sie die Leiter in sich selbst querlegen, handeln Sie aus einem anderen Motiv heraus. Anstatt zu kämpfen, halten Sie inne, konzentrieren sich auf Ihr neues Ziel, bevor Sie auf ein Kackping des anderen mit dem altbekannten Kackpong antworten. Sie entscheiden jedes Mal neu, ob Sie weiterhin im »Rosen«-

Modus bleiben wollen oder nicht. Damit nehmen Sie sich selbst wichtig und übernehmen die Verantwortung für Ihr Tun. Sie haben genügend Selbstvertrauen, trauen sich zu, auf jede Re-Aktion adäquat und gemäß Ihrer Einstellung zu antworten. Sie möchten den anderen gerne für die Sichtweise der quergelegten Leiter gewinnen, doch Sie wollen ihn weder überzeugen noch missionieren. Sie werden staunen, dass der andere auch anders reagieren wird. Vielleicht nicht auf Anhieb, weil bei ihm sein bisheriger Kreislauf greift, doch Sie wissen ja: Den anderen können wir nicht fernsteuern.

Sie können das Gespräch mit dem anderen suchen: Das kann tricky sein, wenn Sie emotional noch in Wallung sind. Denn wann immer die negativen Emotionen hochschlagen, sind wir nicht so gut darin, ein konstruktives Gespräch zu führen. Oft zerbrechen wir uns den Kopf, was wir sagen möchten, und landen dann doch wieder im Sumpf dessen, was alles passiert ist. Doch Richtigstellen kippt schnell ins Rechthabenwollen, und damit landen wir wieder auf der Wippe. Was ist also eine bessere, einfachere Möglichkeit? – Sagen, wie es Ihnen damit geht. Aber bitte nicht zwischen Tür und Angel. Bitten Sie um ein Gespräch (das gilt auch für privat) und sagen Sie einfach, worum es Ihnen geht:

- »Ich möchte nicht streiten …«
- »Ich finde es nicht gut, wie wir miteinander umgehen, und kenne meinen Anteil daran …«
- »Ich habe das Gefühl, wir haben uns von Beginn an auf dem falschen Fuß erwischt. Ich möchte das gerne ändern.«
- »Ich habe mich in der Vergangenheit gesperrt und auf stur geschaltet, …«
- »Ich finde es schade, dass wir in so einen unguten Kreislauf gekommen sind, der sich jetzt ständig wiederholt …«

Damit ist ein Anfang gemacht. Sie haben Ihre Leiter für diesen einen Moment hingelegt, weil Sie eine Basis schaffen wollen, damit sich die aktuelle Beziehungslage entspannt. Denken Sie daran, dass »Ja, aber«

einem Nein gleichkommt! Darum machen Sie lieber ein kurzes Ping und lassen den anderen dann reden. Keine Angst: Wenn Sie schweigen, füllt der andere schon die Lücke – und die Wahrscheinlichkeit, dass auf so eine Eröffnung eine überraschend positive Antwort kommt, ist sehr hoch. Wenn nicht: Macht nichts! Sie wissen ja: Sie gehen damit um, egal, was kommt. Und wenn aus Ihrer Sicht eine Kackbotschaft kommt, entscheiden Sie erneut: Wie will ich darauf antworten? Wenn Sie weiterhin die Absicht haben, das Ziel verfolgen, den anderen gewinnen wollen für eine neue, respektvollere Art des Umgangs miteinander, dann halten Sie sich das vor Augen, es wird Ihnen helfen, auf Kurs zu bleiben.

Das Absteigen kann aber auch ganz leichtfallen, wenn Sie durch Ihr neues Know-how die Situation anders betrachten können. Was ich persönlich an dem Prinzip der Macht-Wippe so wunderbar finde: Wir sehen bei uns und bei anderen die menschliche Seite, anstatt an Symptomen herumzudoktern. In dem Moment, wo deutlich wird, dass wir uns aus Unsicherheit, Angst, dem Kampf um unseren Selbstwert soundso verhalten, lässt das alles in einem anderen Licht erscheinen. Den häufigen Krieg rund um die Schwiegermutter beispielsweise: Als Ehefrau kann ich es unmöglich finden, dass mein erwachsener Mann seiner Mama gehorcht – auch wenn sie sich in meinen Augen zu viel einmischt, zu viel Rücksichtnahme oder was auch immer fordert. Doch wenn ich sehe, dass das nichts mit mir zu tun hat, dass ich nicht an zweiter Stelle stehe, sondern dass mein Mann als Sohn absoluten Gehorsam eingetrichtert bekommen hat, muss ich es nicht mehr als Bedrohung sehen. Auch wenn ich merke, dass es sich um einen Loyalitätskonflikt handelt, sieht mein Verhalten anders aus: Merke ich, dass mein Mann einfach hin- und hergerissen ist, weil er es allen recht machen möchte, was bei widersprüchlichen Ansprüchen an ihn einfach nicht geht, dann sehe ich die Not dahinter – und nicht mangelndes Rückgrat.

Ich kann vor allen Dingen trennen, worum es *mir* geht: Warum bringt es mich so auf die Palme, dass mein Mann erwartet, dass ich immer den Kürzeren ziehe, wenn seine Mutter etwas will? Wenn ich in meiner Psycho-Logik nachschaue, dann merke ich, wem gegenüber meine Leiter senkrecht steht. Ist die Schwiegermutter vielleicht mir gegenüber übergriffig und ich erwarte von meinem Mann, dass er hier, stellvertretend für mich, mein Autoritätsproblem löst?

Ja, Wissen ist Macht. Und mit dieser Eigen-Macht kann ich jede Situation und die beteiligten Menschen besser verstehen … und auch mehr Verständnis haben, was so gut wie immer zu einer Entspannung und damit zu einer Verbesserung der Situation führt. Alle sind entlastet, wenn jeder die Verantwortung fürs eigene Denken, Fühlen und Handeln übernimmt.

Der Point-of-no-return

Es gibt Situationen und Beziehungen, bei denen wir bei dieser Analyse merken: Ich mache da nicht mehr mit. Der andere ist mir total übergriffig oder tut mir von seiner Art einfach nicht gut. Oder: Es ist zu viel passiert. Oder: Der andere hat eine Grenze überschritten, die gar nicht geht.

Sie erinnern sich an meine Worte zu Beginn des Kapitels:

Ich habe mich dafür einzusetzen, dass mein Gegenüber mir mit Respekt begegnet, darf nicht zulassen, dass er mich respektlos behandelt.

Wir können nicht verhindern, dass andere ihre Leiter senkrecht lassen, dass sie wieder und wieder anfangen zu wippen. Selbst wenn wir von uns aus versucht haben, abzusteigen und den Kampf zu beenden. Wir haben uns, vor allem anderen, um unseren eigenen Selbstwert zu kümmern! Wir können uns entscheiden, ein für alle Mal einen Schlussstrich zu ziehen. Kontaktabbruch ist immer eine Option, die wir haben.

Als Kind waren wir abhängig. Wir konnten nicht einfach sagen: »Ich bin raus«, ich will keinen Kontakt mehr oder ich kündige. Als Erwachsener können wir das schon!

- Wir können einen Kontakt abbrechen, wenn uns ein Mensch nicht guttut.
- Wir können eine neue Arbeit suchen.
- Wir können uns scheiden lassen.

Klar hat auch diese Entscheidung, wie alles im Leben, Preis und Gewinn.

Ich hoffe, ich konnte Sie dazu ermutigen, in Ihrem Sinne aktiv zu werden. Wenn Sie es schaffen, die *beiden* Menschen zu erkennen, die hinter jedem Autoritätskonflikt stehen, können Sie souveräner agieren. Sie sind nicht mehr alten Programmen ausgeliefert und rutschen vor allen Dingen nicht mehr in eingefahrene Muster, die alles nur noch schlimmer machen.

Sie haben die Macht, anderen auf Augenhöhe zu begegnen. Sie können, wenn Sie das möchten, auf Ermutigung schalten. Das verändert Ihre Welt. Und Sie werden staunen, was es bei den Menschen um Sie herum bewirkt.

Eine Bitte habe ich: Seien Sie nachsichtig mit sich und anderen, legen Sie nicht alles auf die Goldwaage.

Fehler machen gehört zum Menschsein dazu. Keiner hat es gerne, wenn darauf herumgeritten wird. Für mich gilt: Fehler machen ist menschlich – Fehlerfreiheit erwarten oder Fehler nicht verzeihen können ist unmenschlich.

Stellen wir die Buchstaben im Wort FEHLER um, wird HELFER daraus, und diese neue Sicht auf den Umgang mit Fehlern lohnt sich, in die private Psycho-Logik einzubauen: Genau wie bei den unangenehmen Gefühlen gilt, dass ein Fehler, den Sie selbst oder andere gemacht haben, uns auf etwas aufmerksam machen möchte. Es hat etwas gefehlt, was auch immer es war. Keiner sollte sich dafür schämen müssen, denn es ist etwas zutiefst Menschliches passiert.

4.5 »In was für einer Welt will ich leben?«

Wir leben in einer Zeit, in der Wettbewerb, Geiz und Gier großgeschrieben werden: Wir haben gelernt, uns zu vergleichen – wie wir sind, wie wir aussehen, was wir haben, was wir leisten. *Besser, schneller, weiter ist die Devise.* Diese Welt tut keinem von uns wirklich gut, doch können wir überhaupt anders leben?

Ja, das können wir! Jeder Einzelne von uns kann dazu beitragen, dass diese Welt friedlicher, sicherer und angstfreier wird. Wir alle können in unserem kleinen Umfeld dafür sorgen, dass wir gleichwertig miteinander umgehen, dass das Gemeinschaftsgefühl so normal wird wie atmen und aufrecht gehen.

Stellen Sie sich mal vor, wie das wäre:

Die Menschen arbeiten zusammen und haben das gleiche Ziel: Sie streben danach, Belastungen, Schwierigkeiten und Herausforderungen des Lebens zu überwinden. Wenn jeder die Aufmerksamkeit auf das Miteinander richten würde, gäbe es keine Konkurrenz mit anderen. Es gäbe kein Gegeneinander. Wir würden uns nicht bedroht fühlen, wenn jemand mehr weiß, erfolgreicher, mächtiger oder stärker scheint. Im Gegenteil: Wir würden uns freuen, weil es ihm und allen anderen dann noch leichter und schneller gelingen wird, die allgemeine Lage zum Besseren zu wenden.

Bei der waagrecht gelegten Leiter haben wir die gleichen Rechte und Pflichten. Damit sorgen wir für die Augenhöhe, die wir uns alle wünschen. Jeder übernimmt für sein Tun und Lassen die Verantwortung. Jeder weiß, dass es allen nur dann gut gehen wird, wenn es auch ihm selbst gut geht. Unsere Bedürfnisse stehen immer in Wechselbeziehung zu den anderen. Jeder weiß, dass er den anderen nur dann respektieren wird, wenn er sich selbst respektiert und damit aufhört, schlecht von sich zu denken.

Die Stimmung ist freundlich, respektvoll, entspannt, zuversichtlich und vertrauensvoll. Niemand braucht Angst davor haben, seinen Platz zu verlieren. Man spürt die Stabilität und die damit verbundene Sicherheit. Kooperation ist selbstverständlich. Es wird nicht gefragt, wer was getan hat, keiner fühlt sich ausgeliefert, abhängig vom anderen. Die Kommunikation ist offen, klar, direkt. Wenn etwas unverständlich ist, wird nachgefragt.

Fehler werden akzeptiert. Sie gehören zum Lernen dazu. Konflikte werden mit gegenseitigem Respekt geklärt. Statt Kritik, Besserwisserei, Abwertung, Kämpfe und Konflikte ist Ermutigung das Mittel der Wahl.

Ist das realistisch?

Nein. Wir können nicht mit dem Zauberstab wedeln und alles ist Friede-Freude-Eierkuchen. Doch wir alle können uns hier und jetzt dafür entscheiden, die waagrechte Leiter zum Fixstern in unserem Leben zu machen, um für uns – und andere um uns herum – dem Ideal immer näher zu kommen.

> ***»Das Dasein ist köstlich, man muss nur den Mut haben, sein eigenes Leben zu führen.«* (Peter Rosegger)**

Kinder sind von Geburt an neugierig, sie gehen nach dem Prinzip »Versuch und Irrtum« vor. So verstehen und erobern wir die Welt.

> **Lassen Sie uns wieder mehr Neugier ins Erwachsenenleben bringen! Einfach mal uns und andere aus einem neuen Blickwinkel beobachten. Verstehen, was da passiert. Ausprobieren, was sich verändert, wenn Sie etwas verändern.**

Es tut so gut, öfter mal einen Mut-Ausbruch zu haben und eingefahrene Wege zu verlassen. Was sich bewährt, wird – für den Moment – beibehalten. Was nichts bringt, kann weg.

Jede Situation, jede noch schwierige Beziehung können Sie einseitig verbessern. Ich wünsche mir, dass Sie künftig wissend nicken, vielleicht sogar öfter mal schmunzeln, wenn Sie ab sofort Macht-Wippen entdecken. Wenn Sie merken: »Oha, da hat mich jemand eingeladen, und ich bin, ohne es zu merken, willig draufgerannt.« Und wenn Sie immer häufiger bewusst entscheiden: »Eigentlich würde ich jetzt eine Kackbotschaft senden, aber ich versuche es mal mit einer Rose … und schaue, was passiert.«

Mut machende Grüße
Ihre Ulrike Strubel
www.beziehungspunkte.de

Übersicht der Selbst-Checks

Alle Selbst-Checks können Sie auf www.beziehungspunkte.de/machtwippe als PDF herunterladen.

Buchtipps

Wenn Sie mehr über Individualpsychologie wissen möchten:

Adler, Alfred (1978) Der Sinn des Lebens. Frankfurt a. M.: Fischer TB

Dreikurs, Rudolf (2019) Grundbegriffe der Individualpsychologie. Stuttgart: Klett-Cotta

Lebenshilfe-Bücher, die zu meinen Top 10 gehören:

Bärtschi, Urs R. (2014) Ich bin mein eigener Coach. Wiesbaden: Springer Gabler

Corssen, Jens (2019) Der Selbstentwickler. Wiesbaden: Marix Verlag

Härter, Gitte (2012) 30 Minuten Arschlöcher zähmen. Offenbach/Main: GABAL

Hammel, Stefan (2019) Wie das Krokodil zum Fliegen kam: 120 Geschichten, die das Leben verändern. München: Ernst Reinhardt Verlag

Kishimi, Ichiro & Koga, Fumitake (2019) Du musst nicht von allen gemocht werden. Hamburg: Rowohlt Verlag

Knuf, Andreas (2011) Ruhe da oben! Freiburg: Arbor

Potreck-Rose, Friederike (2018) Von der Freude, den Selbstwert zu stärken. Stuttgart: Klett-Cotta

Satir, Virginia (2017) Meine vielen Gesichter. München: Kösel

Schoenaker, Theo (2018) Mut tut gut. Speyer: RDI Verlag

Stahl, Stefanie (2015) Das Kind in dir muss Heimat finden. München: Kailash

Bücher, die ich Paaren gerne empfehle:

Abramson, Zivit (2018) Partnerschaft lernen. Langenargen: Herzsprung-Verlag

Hansen, Hartwig (2018) Respekt – Der Schlüssel zur Partnerschaft. Stuttgart: Klett-Cotta

Bücher, die ich Eltern und Pädagogen gerne empfehle:

Dreikurs, Rudolf (2019) Kinder fordern uns heraus. Stuttgart: Klett-Cotta

Hennings, Barbara & Niemöller, Gisela (2017) Ermutigen statt kritisieren. Freiburg: Herder